김병장의 솔직한 토크 21

김 현 우 지음

김병장의 솔직한 토크 21

인쇄 2019년 1월 5일 1판 1쇄 **발행** 2019년 1월 10일 1판 1쇄

지은이 김현우 **펴낸이** 강찬석 **펴낸곳** 도서출판 나노미디어
주소 (07315) 서울시 영등포구 도신로51길 4
전화 02-703-7507 **팩스** 02-703-7508 **등록** 제313-2007-000133호
홈페이지 www.misewoom.com

정가 14,300원

ISBN 978-89-89292-62-3 03040

640일간의 병영에피소드

김병장의 솔직한 토크 21

김현우 지음

Nano Media 나노미디어

들어가며

21개월, 일수로 640일간의 시간은 제게는 너무도 다사다난했습니다.

군대영장을 처음 보게 되었을 때 '이것이 정녕 사실일까?'라는 생각에 아무 감정도 느껴지지 않는 공허한 상태였습니다. 사람이 두려움이나 공포를 넘어서게 되면 공허상태가 될 수도 있다는 것을 그때 느꼈습니다. 그러한 심리적인 압박 속에서도 '피할 수 없으면 즐기자'라는 마음과, 좋은 경험이 될 수도 있을 것' 같은 생각에 하루도 빠지지 않고 기록하기 시작했습니다. 전투복 주머니에 항상 수첩을 가지고 다니며, 시간이 생길 때마다 틈틈히 메모를 했습니다. 사격훈련을 한 뒤 10분간 휴식에도, 40km 행군시 잠시 쉴 때, 온 몸이 땅속으로 파고 들어가는 느낌이 들 때 조차 하루도 빠지지 않았습니다.

가볍게 쓰기 시작한 저의 군대 이야기가 책이라는 엄청난 결과물이 될 수 있을지에 대해서는 꿈도 꾸지 않았습니다. 그러나 어머니는 인터넷에는 단발적인 짧은 스토리는 많이 있지만, 책으로 엮은 이야기는 거의 없으며, 저의 개인적 철학과 사고가 고스란히 담겨있는 보물이라고 용기를 주셨습니다.

개인의 이야기이지만, 군대를 보내려는 부모님의 마음과 함께 하고, 군대 생활을 시작하려는 또래 친구들에게도 가이드가 될 수 있다는 격려에 첫발을 뗄 수 있었습니다. 특히, 어머니의 편지와 부대 밴드에 올린 글을 통해 군대에 보내놓은 부모는 대체 어떤 생각을 하는지 공유할 수도 있겠다는 생각이 들었습니다. 그리하면 우리 병사가 62만 5천명 중 어느 점에 속하는 작은 존재가 아니라, 누군가의 소중한 자식이고, 무사히 전역하기만을 간절히 기다리는 가족이 기다리고 있다는 것을 인식하게 될 것이고, 부대 내에서도 인간에 대한 존중이 일어나게 하는 작은 울림이 될 수도 있겠다는 생각이 들었습니다. 이 책을 통해 앞으로도 많은 군대 이야기가 나오기를 바라며, 부족하지만 시작이라고 생각하고자 합니다.

군대는 엄격한 규율과 명령이 존재하는 특수한 곳이라 사용하는 용어도 매우 다릅니다. 어느덧 저도 무의식중에 군대용어를 편하게 사용하지만, 일반인에게는 생소하여 무슨 뜻인지 모르는 경우가 많이 있을 것입니다. 부모님께서는 자식을 군대에 보내본 가족이 이해하지 못한다면 다른 사람들도 이해하지 못할 것이라면서 가능하면 쉬운 표현으로 바꾸라고 조언하시고 많이 도와주셨습니다. 그래도 혹여 미처 발견하지 못한 오탈자나 표현이 잘못되었다면 너그러운 양해를 구해봅니다.

저와 제 동생은, 처음 그대로의 모습으로 무사히 전역하여 가족으로 품으로 돌아왔지만 그렇지 못한 가족과 아픔을 함께하며 심심한 위로를 전합니다.

출간까지 수고해주신 나노미디어 강찬석 사장님께 지면을 통해 감사드립니다. 자대에서 함께 생활했던 동기들, 선후임님들, 간부님들, 행정보급관님, 대대장님, 진심으로 감사합니다. 마지막으로 이 책은 온 가족이 함께 했기에 세상 밖으로 나올 수 있었습니다. 진심으로 사랑합니다.

대한민국 육군의 레전드 김현우 드림

복무신조

우리는 국가와 국민에 충성을 다하는 대한민국 육군이다.

하나, 우리는 자유민주주의를 수호하며 조국통일의 역군이 된다.

둘, 우리는 실전과 같은 훈련으로 지상전의 승리자가 된다.

셋, 우리는 법규를 준수하고 상관의 명령에 복종한다.

넷, 우리는 명예와 신의를 지키며 전우애로 굳게 단결한다.

병영생활행동강령

첫째, 분대장을 제외한 병 상호간에는 명령이나 지시, 간섭을 금지한다.

둘째, 어떠한 경우에도 구타, 가혹행위 및 집단 따돌림을 금지한다.

셋째, 폭언, 욕설, 인격모독 등 일체의 언어폭력을 금지한다.

넷째, 언어적, 신체적 성희롱, 성추행, 성폭행 등 성 관련 법규 위반 행위를 금지한다.

제 5사단가

아름다운 내 조국의 완전통일 위하여
물불을 가림 없이 한데 뭉쳐 싸운다
가평춘천 탈환전 피의능선 가칠봉
청사에 아로 세긴 전공세운 5사단
조국의 깃발 아래 민족의 이름으로

슬기로운 내 겨레의 자유평화 위하여
화랑의 높은 기개 온몸 바쳐 싸운다
삼각봉과 백암산 치열한 전투에
달려든 붉은 적을 무찔러 친 5사단
조국의 깃발 아래 민족의 이름으로

(후렴) 세세기 선봉에서 용감히 싸워 나가는
백전백승 열쇠부대 우리 5사단

제 3야수단가

대한의 건아들이 한곳에 모여
조국의 평화위해 젊음을 바친다.
뜨거운 전우애로 맺어진 우리
일하고 배우면서 사랑을 싣고

조국의 부름 받아 하나 된 우리
오늘도 땀 흘리며 달리고 달린다.
젊음의 끓는 피로 하나 된 우리
사랑과 화합으로 헤쳐 나가는

(후렴) 수송은 자랑스런 필승의 동맥
그 이름 빛내리라 제3 야수단

수도 군단가

겨레의 소망을 한 몸에 담고 호국의 일념으로 뭉친 용사들,
필승의 그 투지 그 전통 이어서 기어이 지키련다.

조국의 심장을 사수하는 강철의 의지로 다져진 건아들
피 끓은 젊은 힘 하나로 모아 기어이 이기련다. 이 목숨 바쳐

(후렴) 아~ 사명도 드높은 수도권 방위
수도군단 가는 곳에 승리 뿐이다.

육군가

1절

백두산 정기 뻗은 삼천리 강산
무궁화 대한은 온누리의 빛
화랑의 핏줄타고 자라난 우리
그 이름 용감하다 대한 육군

2절

높은 산 거친 골짝 깊은 강물도
우리 용사 앞에는 거칠 것 없네
대한육군 진격에 적이 있느냐
백천만 대군도 초로 같도다

3절

자유평화 정의는 우리의 정신
불의를 무찌르자 온 땅 끝까지
무쇠같이 튼튼한 넋과 사지는
대지를 뒤집고도 힘이 남는다

후렴

앞으로 앞으로 용진 또 용진
우리는 영원한 조국의 방패
앞으로 앞으로 용진 또 용진
우리는 영원한 조국의 방패

차 례

첫 번째 이야기

신병교육대(신교대) 17

두 번째 이야기

제 3야전 수송교육단 31

세 번째 이야기

공병단(자대) 41

네 번째 이야기

편 지 125

다섯 번째 이야기
계 급 161

여섯 번째 이야기
육군 부대 마크 169

부 록
군대 용어 196

첫 번째 이야기

신병교육대(신교대)

군대 간다고 하면 바로 자대(부대배치)로 가는 것이 아니라, 군인이 되기 위한 교육을 받는 곳, 즉 신병교육대(이하 신교대)에 먼저 가야 한다. 신병교육대는 크게 2가지가 있다. 하나는 육군(논산) 훈련소이고, 다른 하나는 사단 신교대이다. 육군 훈련소는 논산(연무대)에 있고, 사단 신교대는 사단에 속해 있기 때문에 그 지역에 사단이 있다면 사단 신교대 또한 그 근처에 있다. 필자는 연천 5사단 신교대에서 6주 동안 훈련을 받았다. 5주 안에 명절이나 쉬는 날이 많으면 1주 더해서 6주 동안 훈련받게 된다.

훈련소, 신교대 가기 전 준비물

위장크림: 각개전투할 때 필요한데 별도로 준비하지 않았다면 조교가 준다. 만약 본인 피부가 예민하다 싶으면 근처 화장품 가게에서 사가지고 들어가면 된다.

우표: 여자 친구가 있고, 부모님에게 편지를 쓰고 싶다 싶으면 우표를 가지고 가는 것이 좋다. 편지지와 봉투는 군대에서 공짜로 주고 발송 및 접수는 바로 되지만, 수발하는 인원과 담당자의 관심 정도에 따라 늦게 전달될 수도 있기 때문이다. 그러나 우표를 붙이면 개인적인 종교 활동을 할 때, 목사님이나 신부님이 걷어가서 일반 우체국에서 보내기 때문에 더 빨리 받을 수 있다.

선크림: 솔직히 다른 건 없어도 크게 불편하지 않지만 선크림은 예외다. 훈련은 대부분 야외에서 진행하기 때문에 햇살을 직방으로 맞을 수 밖에 없다. 선크림이 없으면 진짜 후회할 것이다. 5주 훈련을 마친 후 수료식 날에, 부모님들이 아들 피부가 까매져서 알아보시지 못할 수도 있다. 자매품으로 바르는 로션을 챙겨 가면 그나마 불쌍한 피부를 진정시켜줄 수 있다. 그러나 향이 너무 진한 선크림과 로션은 군인으로써 지양해야 한다.

퍼즐게임: 왠 퍼즐게임인가 싶을 수 있는데, 5주 동안 핸드폰 없이 산다는 것은 진짜 지옥이다. 또한 입대 1주차는 자기소개서만 쓰라고 하는데 시간이 남아돌 수 밖에 없다. 아침 먹고 자소서 쓰고, 점심 먹고 자소서 쓰고, 저녁 먹고 자소서 쓰는 것을 7일 동안 하기 때문에 남는 것은 시간 뿐이다. 조그마한 스도쿠책 같은 것을 사서 주머니에 넣어가지고 다니면 그래도 조금 덜 심심하다. 자매품으로 조그만 영어단어장도 좋을 듯 싶다.

샴푸: 샴푸는 안 된다는 신교대가 있어서 필수품이라고는 못하겠는데, 지급받은 비누를 사용하다가 조교에게 샴푸를 택배로 받아도 되냐고 물어보고, 된다고 한다면 본인의 취향대로 택배로 받

아 사용하면 된다. 참고로 샴푸를 가지고 오면, 그 샴푸는 더 이상 본인 것이 아니라, 그 생활관 전체의 것이라는 것을 명심하고 마음을 비워야 한다.

이어플러그: 군대는 개인 공간이 아니라 단체로 자고 생활하는 장소이기 때문에, 코를 골거나 이를 가는 사람이 반드시 있을 수 있다. 편안하게 자고 싶다면 이어플러그는 꼭 필수이다.

야광 전자손목시계: 밤에 불침번을 설 때, 다음번 근무자를 깨워야 내가 빨리 잘 수 있는데, 벽에 걸려 있는 시계는 어두워서 보이지 않는다. 그리고 집에서 자는 게 아니라서 환경적응이 잘 안돼 자다가 도중에 깨는 일도 많다. 시간을 확인하고 앞으로 내가 얼마큼 더 잘 수 있는지 알아보기 위해서는 꼭 필수품이다. 만약, 손목시계가 야광이 아니라면, 밤에 잘 보이지 않아서 비상구 표지판 불빛에 팔을 쭈욱 내밀고, 어둠속에서 한참을 응시해야 할 것이다.

택배

• 훈련소는 자유로운 사회 생활을 하다가, 처음 만난 낯선 사람들이 오랫동안 공동생활을 하게 되는 장소다. 그러므로 당연히 스트레스를 받게 되고, 싸움도 일어나며, 심지어 자살 사건도 일어나기도 한다. 그래서 뾰족한 날붙이(젓가락 같은 것), 유리로 된 화장품 등은 회수한다. 택배가 오면 간부님 앞에서 같이 열어 본다.

〈일반시계와 전자손목시계의 차이점〉

훈련소 수료한 훈련병들이 하는 착각

• 동기들과 평생 연락할 줄 안다. 매일 계속되는 훈련 속에 싹튼 전우애로 훈련병 동기들은 서로의 연락처를 고이 간직한다. 그러나 자대 배치를 받은 후 한 달만 지나도 훈련병 동기들의 이름은 기억나지 않는다. 말 그대로 고이 간직하기만 한다.

• 훈련병 교육훈련이 끝나면 군 생활이 끝난 줄 안다. 동기밖에 없는 신교대 5주차 훈련병들은 마치 군 생활이 끝난 것 마냥, 2주차 훈련병들을 안타깝게 바라보는데 5주차와 2주차는 큰 차이가 없다.

• 본인들이 '짬'이 찬 줄 안다. 군 생활이 끝난 줄 안다는 것과 같은 맥락이다.

• 시간이 빨리 흐를 줄 안다. 훈련병 교육 기간에는 빡빡한 일정이 짜여 있어서 훈련을 받다 보면, 5주는 순식간에 지나가곤 한다. 그래서인지 많은 훈련병들은 '앞으로의 군 생활도 빨리 지나가겠지'라고 생각하는데 실상 군 생활을 6%도 안했다.

중·고생들은 '내가 군대 갈 때 쯤에는 통일 되겠지? 늦게 가야지'라고 생각할지도 모르겠다. 하지만 그런 생각은 미리 접는 것이 좋을 듯하다. 물론 늦게 가거나 일찍 가는 선택은 본인이 하는 것이지만, 지금은 통일 전이라서 추워봤자 강원도이다. 그러나 나중에 통일 되서 자대배치 받으면 더 추운 백두산이나, 개마고원 가서 근무해야 할 지도 모른다.

필자 신교대

20살 때 만해도 군대는 남의 일인줄 만 알았다. 초등학교를 마칠 때쯤에는 '통일 되겠지' 싶었고, 중학생 때에도 내가 군대 갈 무렵에는 '통일 되겠지' 싶었고, 심지어 고등학생 때에도. 대학교에 입학하면서도 조차 군대는 실감나지 않았다. 솔직히 입영 통지서가 날라왔음에도 실감나지 않았으나, 머리를 빡빡 밀고 5사단 신교대로 올라갈 때에는 꿈인가 싶었다. 어렸을 때부터 기다려온 통일은 망상에 지나지 않았나 싶어 현실이 슬퍼졌다. 부모님과 차를 타고 신교대로 가는 동안 태연한 척하려고 했지만, 마음은 불안하기 그지 없었으나, 걱정하실 부모님을 생각하여 밖으로 내색할 수도 없었다. 입대하는 날 비가 추적추적 내리고, 바람마져 불어서 우산은 발라당 까져버리곤 했다. 신병교육대에 도착한 순간 '신병들 전체 집으로 갓' 하는 소리를 듣는, 말도 안되는 상상도 해봤으나 언제나 처럼 기적은 일어나지 않았고, 14시쯤에 부모님이랑 헤어져 입소하였다. 도착하여 어리숙한 까까머리들끼리 두려움 가득한 얼굴로 말없이 둘러보는데 엄격하고 근엄하고 진지하고 아무 말도 없는 조교가 자기소개 기록부를 적으라고 했다. 너무 빳빳하게 앉자 있어서 허리가 아픈데도 관물대에 기대지도 못하게 한다. 뉴스에서 '다나까'는 폐지됐고, 이제는 '요'자 써도 된다고 했는데 실상은 달라서 놀랐다. 외부에서 바라본 군대와 실제는 다른 것 같았다.

아침에 눈을 뜨면 여기가 집이었으면 좋겠다고 생각했다. 남자로 태어난 죄로 군대에 와서 자유도 없이 단체 생활에 하는 것이 정말 ×같아서 갑자기 울고 싶어지고 짜증이 났다. 정말 집에 가고

〈질문있습니다〉

싶었다. 그러나 이런 생각도 100일 동안 했더니, 곰처럼 적응이 되어 체념하게 되었다. 솔직히 신교대에서는 팁 같은 것이 없다. 조교들이 하라는 대로만 하고, 하지 말라는 것만 안하면 된다. 입만 열고 있으면 알아서 일정대로 넣어주기 때문이다. 신교대의 팁이라고 한다면 종교이다.

종교생활

신교대에서는 종교가 없어도 무조건 기독교, 천주교, 불교, 원불교를 선택했어야 한다. 무교의 자유는 없다. 그러나 나는 무교인데도 이 시스템이 나쁘진 않았다고 생각한다. 대개 어떤 믿음을 보고 가는 것 보다는, 끝나고 주는 간식이 진짜 꿀맛이기 때문일 것이다. 밥과 부식이 아무리 맛있다 하더라도, 사제음식은 1주일에 한번 밖에 먹지 못한다. 신교대 기준으로 교회는 빵 + 음료수에다가 다른 동기훈련병들의 여자친구가 보내주는 영상편지를 보는 맛으로 갔고, 불교는 퀴즈를 맞추면 초코파이 한 박스를 그냥 줘서 가끔 당 떨어졌다 싶으면 갔다. 불교 예식이 끝나면 법사님이 연예인들 뮤직비디오를 틀어주었는데, 축제처럼 진짜 힐링이 되었다. 천주교랑 원불교는 소수 사람들만 가서 가보지 않았는데, 출석을 꼬박꼬박하면 마지막 날에 싸*버거를 준다고 했다. 그래서 마지막 날에는 천주교랑 원불교 쪽으로 몰리는 현상이 일어났다.

〈자라나는 새싹 같은 신교대 때 모습〉

신교대 시절에 쓴 감사 시리즈

2016. 5. 11. 수. (국가)

① 대한민국이라는 나라에 태어난 것에 대한 감사

② 돈만 많으면 살기 좋은 나라여서 감사

③ 대한민국에서 남자로 태어나 군대에 갈 수 있는 것에 대한 감사

④ ③번 내용을 구라 칠 수 있는 환경을 만들어 준 것에 대한 감사

⑤ ②번 비슷하게 돈을 많이 벌어야 할 이유를 만들어 주는 것에 대한 감사

2016. 5. 12. 목 (부대)

① 1소대의 35번이라서 인원파악 할 때도 35번인 것에 대한 감사

② 도형(친동생)이랑 같은 사물함을 써서 형제애를 느낄 수 있는 것에 대한 감사

③ 부대 환경으로 인해 기관지가 강해지는 것에 대한 감사

④ 좋은 전우들과 같은 부대에 있는 것에 대한 감사

⑤ 선풍기가 머리 위에 있는 것에 대한 감사

2016. 5. 13. 금 (전우)

① 책상을 가져다 준 전우에 대한 감사

② (화생방 때) 내 방독면을 벗겨준 전우에 대한 감사

③ 수저병 전우에 대한 감사

④ 취사장에서 배식해준 전우에 대한 감사

⑤ 시계가 없는데 시간을 알려준 전우에 대한 감사

2016. 5. 14. 토 (자유)

① 수소에 대한 감사

② 헬륨에 대한 감사

③ 리튬에 대한 감사

④ 베릴륨에 대한 감사

⑤ 붕소에 대한 감사

2016. 5. 15. 일 (자유)

① 탄소에 대한 감사

② 질소에 대한 감사

③ 산소에 대한 감사

④ 플루오린에 대한 감사

⑤ 네온에 대한 감사

2016. 5. 16. 월 (부모님)

① 내 엄마가 엄마여서 감사

② 내 아빠가 아빠여서 감사

③ 나를 이 세상에 낳아준 것에 대해 감사

④ 형제를 만들어준 것에 대해 감사

⑤ 어렸을 때부터 음악을 가르쳐준 것에 대해 감사

2016. 5. 17. 화 (나)

① 눈 2개인 것에 대해 감사

② 귀 2개인 것에 대해 감사

③ 입 1개인 것에 대해 감사

④ 팔 2개인 것에 대해 감사

⑤ 다리 2개인 것에 대해 감사

2016. 5. 18. 수 (국가)

① 중국 옆이어서 감사

② 일본 옆이어서 감사

③ 조그만 나라인데 국방력이 순위권인 것에 감사

④ 조그만 나라인데 경제력이 순위권인 것에 감사

⑤ 의료복지에 대해 감사

2016. 5. 19. 목 (부대)

① 1소대라서 감사

② 1997년 오래된 매트에 감사

③ 모포에 감사

④ 포단에 감사

⑤ 베개에 감사

2016. 6. 6. 월 (나)

① 머리카락이 있는 것에 대해 감사

② 다리털이 많은 것에 대해 감사

③ 왼손잡이인 것에 진짜 감사

④ 플룻을 연주하는 것에 대해 감사

⑤ 손가락 5개 있는 것에 대해 감사

돌이켜 보면 신교대에서 '감사 시리즈'를 쓰게 한 것이 너무 억지 같아서 당시에는 쓰기 싫었었다. 그 만큼 쓸 말도, 생각나는 것도 없었다. 그러나 글을 쓰기 위해 다시 읽어보니 진심이 느껴지고, 필자가 많은 것을 가지고 있구나 하는 감사의 생각이 들었다.

두 번째 이야기

제 3야전 수송교육단

야전 수송교육단을 줄여서 보통 야수교라고 한다. 야수교들은 제 1야전군 사령부 직할로는 1야수교, 제 2작전 사령부 직할로는 2야수교, 제 3야전군 사령부 직할로는 3야수교로 필자가 나온 곳은 제3 야수교이다. 제3 야수교는 마장(상색) 교육대, 하색 교육대로 나눠지며, 필자는 16-17분기여서 하색 교육대로 배치받았다. 보통 홀수이면 하색 교육대로, 짝수이면 마장(상색) 교육대로 배치를 받게 된다.

마장(상색) 교육대는 1, 2, 3수송 중대로, 하색 교육대는 4, 5, 6수송 중대로 구성되어 있다. 마장(상색)의 시설이 하색보다는 좋다고 한다. 하지만 그건 시설만 좋은 것이지 인원당 에어컨 수는 너무 적다. 하색은 10명~15명이 에어컨 한 대를 사용하는 반면, 마장(상색)은 하색의 몇 배나 되는 인원으로 에어컨 한 대를 사용한다고 한다. 그래서 여름에 마장(상색)에 걸리면 6주 정도 지옥에 다녀왔다고 하기도 한다.

일단 운전병으로 지원했으면 가장 중요한 것은 군차량 운전면허를 취득하는 것이다. 그러나 운전면허를 따지 못하는 경우에는 유급이라는 것이 존재한다. 1회 유급은 가능한데, 2회 유급시에는 퇴교조치로 당하게 되며, 이때는 보직이 운전병이 아닌 소총수병으로 자대에 배치된다고 한다. 단, 입원이나 입실로 인한 유급은 퇴교조치 대상이 아니라고 한다.

교육생의 사명은 군차량 운전면허증을 획득하고 자대에 배치되는 것인데, 유급되면 일주일이 미뤄진다. 여기서 일주일이 미뤄지게 되면 아래 기수로 넘어가게 된다. 아래 기수로 넘어간다는 뜻은 마장(상색)으로 입단했으면 하색으로, 하색으로 입단했으면 마장(상색)으로 바뀌게 되며, 늦게 입대한 전우와 같이 수료하게 된다는 것이다. 그러므로 정 아파서 입원해야 할 일이 생긴다면 참다가 금요일에 입실하는 것이 그나마 유급을 피하기 위한 방법이 될 것이다. 공휴일은 입원 카운트다운에 속하지 않기 때문이다. 그러면 금, 토, 일, 월, 화요일을 입원하지만 유급일수에는 해당되지 않는다.

입교후 처음에는 소형, 중형, 대형을 모르기 때문에 오자마자 인적사항을 적는다.

만약 본인이 사회에서 차를 많이 운전했다 싶으면 km수를 조금 더 높게 써라. 그러면 소형차로 갈 확률이 매우 크다. 소형차는 보통 중령(대대장)이상의 전용운전병으로 많이 간다. 들리는 소문에 의하면 장군(★1개 이상) 운전병들은 장군님이 부르면 달려가야 하기 때문에 휴대폰 소지가 가능하다고 한다.

중형차와 대형차가 나뉘는 것은 신체 조건이다. 대형차는 말 그대로 대형이라 커서 그런지 소문에 의하면 신장을 따진다고 한다.

그래서 신체조건을 적을 때 자기 신장보다 +1cm~2cm정도 높게 적어야 대형차로 배당될 확률이 높다. 대형차 운전자는 중형차 및 소형차도 운전할 수 있는 반면, 중형차는 중, 소형차밖에 운전 못하고, 소형차는 소형차만 운전한다. 사실, 소형차도 중형차를 운전할 수 있지만, 대부분의 자대에서는 안 시킨다. 필자가 대형차라서 대형차를 옹호하는 것이 아니라 대형차가 전역 후에도 훨씬 유리한 점이 많다. 그러므로 조금 고생하더라도 대형면허 취득을 권하고 싶다. 다음은 소형차, 중형차, 대형차의 장단점을 알아보기 쉽게 도표화한 것이다.

	군 기간 편한 보직	전역 시 운전 자격증	전역 시 운전 경력증	자대 도착 하는 순서
소형차	1위	×	○	1위(2주 교육)
중형차	3위	×	○	2위(4주 교육)
대형차	2위	대형면허 취득	○	3위(5주 교육)

다음은 각 차량 별로 가고 싶어 하는 천상의 보직이다.

소형차 : 장군님 운전병

중형차 : 부식차(다른 부대로 부식 운반), 구급차(앰뷸런스)

대형차 : 큰 부대 소속(사령부, 수송대대, 수송중대 등) 운반차

이제 야수교의 생활에 대해서 말하겠다.

신교대에서는 매일 훈련만하고 뙤약볕에서 굴려서 신체가 힘들다고 한다면, 야수교의 첫 주는 신교대와 반대로 정신적인 스트레스를 받게 된다. 신교대에 비하면 전우조가 크게 제약이 없어서 움

직일 때 편하기는 하지만 뭔가 심기가 불편하다. 신교대와 또 다르게 적응을 해야 하고, 조교들의 분위기 잡는 것 때문이다. 사실 신교대가 그야말로 유치원 수준이라면, 야수교부터는 본격적인 학교의 시작 같은 느낌이 든다. 그래도 '걱정마라!' 첫 번째 주만 이런 것이니까 첫 주만 무사히 버티면 갈수록 편해진다.

얼마나 편했으면 야수베가스(야수교+라스베가스)라는 말이 탄생했겠는가? 야수베가스라고 말하는 것은 신교대에 비해, 제한된 흡연과 PX에 비해, 개인정비 시간 때에 전화를 할 수 있고, TV시청도 가능하고, 많이 자유로워져서 붙여진 이름이다. 잠시, 담배에 대해서 말하고자 한다. 담배가 몸에 좋지 않다는 것은 누구나 알지만 흡연자가 담배를 끊기는 힘이 드는 일이다. 신교대에서 1달 정도 강제 금연을 당하게 되면, 수료식날에 다들 줄담배를 핀다고 한다. 신교대 수료 후 곧바로 야수교로 배치를 받으면 또 담배 생각이 간절하다고 한다. 이때 흡연장에 가서 다른 기수 훈련병들한테 담배를 얻어 피기도 하는데, 그러다가 조교한테 걸리면 몇 주 동안 그 기수는 담배 금지령이 떨어지기 때문에 조교가 담배 금지령을 풀 때까지 피우지 않는 것이 신상에 이롭다. 군대에서는 하지 말라고 하면 무조건 안해야 한다. 본인이 요령과 경험이 없는데도 하지 말라는 것을 하는 것은 군생활이 너무 쉬울 것 같아 자진해서 난이도를 올리는 꼴이 된다.

'이것을 하지 말까?'라고 하는 것은 무조건 해야 하고, '이것을 해도 될까?'라고 생각하는 것은 무조건 하지 말아야 한다. 이것은 '아'하고 '어'차이처럼 한 글자 차이지만, 군대에서의 그 결과는 어

마무시하다.

다음으로 야수교 시스템에 대해 설명하겠다.

야수교에서는 소형차, 중형차, 대형차반이 있는데 소형차는 마장(상색)으로 간다. 하색에는 중형, 대형반만 남는데 대형반에서도 운전을 잘하면 버스반, 11.5톤 화물트럭반으로 간다. 순위를 매기자면 중형 ≤ 대형 《《《《《《 11.5t ≤ 버스라고 보면 되겠다. 11.5t반과 버스반이 좋다고 하는 이유는 필기시험을 안 보기 때문이다.

이 보직을 나누는 것은 처음 기량평가에서 판가름 난다. 그러나, 군 입대하기 전에 적어도 2~3달 정도의 운전 감각을 익히고 야수교에 오면 버스반에 합격할 정도로 능숙해 진다.

조교는 훈육조교, 운전조교로 2팀이 있다. 훈육조교는 빨간색 티셔츠와 빨간색 모자를 쓰고, 운전조교는 파란색 모자와 파란색 티셔츠를 입는다. 번외로 간부는 검정색 모자를 쓰고 있다.

훈육조교 업무는 훈련생들 생활담당 + 정비교육 등이고, 운전조교는 말 그대로 운전을 담당하는데 여기서 운전조교 한명당 약 5~6명의 교육생들이 있다. 참고로 막내 조교들이 일병 계급을 달고 있는데 이건 위장계급이라고 한다. 사실 교육생과 한 달밖에 차이가 나지 않지만, 가르치는 조교가 교육생들이랑 계급이 같으면 조교의 폼이 나지 않아서 한 계급 높은 일병으로 하는 것이다.

2주차 스트레스는 필기시험일 것이다. A4용지에 앞뒤로 빡빡히 적힌 운전이론과 정비에 관한 내용의 페이퍼를 주면서 다 외우라고 한다. 한팀에 4~5명 정도 심사를 보며, 조교가 질문하면 A4용지안의 내용들을 말하면 된다. 여기서 떨어지게 되면 될 때까지 개인 정비시간 없이 이것만 외워야 한다. 아마 여기서 스트레스를 많이 받을 것이다. 나름 팁이라고 하면 불려나갈 때 앞쪽에 있으면 유리하다. 조교가 질문할 때 첫 번째부터 물어볼 확률이 크기 때문이다. 참고로 첫 번째부터 뒤로 갈수록 외워야 하는 문제들이 점점 어려워진다.

2주차의 또 다른 스트레스는 영내 운전면허시험이다. T자, S자를 연습한 후에 정해진 트랙을 시간 안에 장애물에 부딪치지 않고 들어와야 한다. 이때 제한 시간 안에 잘 들어오면 담당 운전조교 눈에 들어오게 되는데, 조교가 되고 싶다고 담당 운전조교한테 말하면 담당 운전조교가 추천해 주기도 한다. 참고로 야수교에서 조교가 될 수 있으면 무조건 신청하라고 권하고 싶다. 자대보다 진짜 엄청 좋기 때문이다. 교육생이 운전면허시험을 모두 1차에 합격하게 되면 담당조교는 100점으로써 한 기수당 2박3일을 포상으로 받는다고 한다. 2차에서 붙으면 점수는 감점되고, 만약 교육생이 운전면허시험에 떨어지면 포상에서 제외된다고 한다. 운전조교는 운전만 잘 가르치면 한 달에 2~3일 포상인 셈이다.

운전면허시험을 합격한 교육생은 그 주 토요일에 외박을 포상으로 받게 되는데, 이때 부모님들이 오셔서 꺼내 주셔야 한다. 대부분 여기서 외박을 나가게 되면 부모님과 춘천 남이섬을 가게 된다. 필자도 남이섬에 갔는데 거의 전부 다 군인들 밖에 없었다. 원래 출타범위가 제3야수교는 가평밖에 안되지만, 남이섬은 관광지인데다가 춘천보다 가평에 더 가까워서 남이섬까지 외박 가능하도록 해준 것이다.

운전면허시험에 떨어지면 어떻게 되는지 궁금할 텐데 이런 것은 걱정 안 해도 되는 것이 사지 멀쩡하면 절대로 떨어질 수 없기 때문이다. 만약 떨어지게 된다면 진짜 유감이지만, 본인이 운전과는 거리가 먼 운명이라고 생각하는 것이 마음이 편할 듯 하다. 여기서 합격을 하면 군 차량 운전면허증을 받게 되고 이제 스트레스는 점점 멀어지게 된다.

3주차 걱정은 영외운전이다. 이제는 본격적으로 스트레스보다는 즐길 일이 생기기 시작하는 구간이다. 운전대에 앉으면 30분 이상 운전할 수 있고, 속도도 올릴 수 있어 점점 운전하는 맛이 난다. 차 한 대에 교육생 2명과 운전조교가 타게 되는데, 교육생의 재미와 운전조교의 불안은 반비례한다. 그러나 속도를 올릴수록 차가 많이 휘청거리므로 핸들 조절을 잘 해야 한다. 좋은 차 같은 경우에는 컨트롤 요구도가 많지 않지만, 운전해야 하는 차들은 교육생들보다 대부분 나이가 많다. 심지어 클러치를 살짝만 밟아도 기어가 바뀌는 차도 있었다.

4주차 때 갑자기 스트레스가 훅 오를 것이다. 왜냐하면, 연습과 시험이 영내였지만, 4주차부터는 영외 운전이기 때문이다. 그러나 영외 운전연습은 옆에 평가를 보는 조교 말만 잘 들으면 되기 때문에 크게 불안해 할 필요가 없다.

진짜로 이제는 모든 시험과 연습이 끝났다. 자대 배치가 나오기까지 1주일이 남는데 이때부터는 조교들도 크게 터치를 안 한다. 자대 배치를 받으면 담당 운전조교와 그 팀의 동기들끼리 PX에서 파티하면서 놀면 끝이다.

자대 배치 받으면 조교들이 어디 붙었냐고 물어보는데 조교한테 "저 xx붙었습니다."라고 말하면 조교는 "어!! 거기 진짜 좋은 곳이야! 축하한다", 또는 "아! 거기 좋을지 모르겠네."라고 평가를 할지 모른다. 조교들의 자대는 야수교인데 어떻게 조교들이 교육생들의 자대가 좋은지 어떻게 알까? 그리고 교육생들도 자기 자대가 본부로만 나오는 것이지 예하부대는 어떻게 되는지도 모른다.

한마디로 조교의 저런 반응은 그냥 '니가 뭘 나와도 나는 거기에 맞장구만 쳐줄 뿐, 실질적으로 그 부대가 좋은지 안 좋은지 나는 모른다' 라고 생각하면 된다. 본인이 만약 자대 배치받고 잘하면 대형차량운전병이어도 버스를 몰 수 있는 기회가 있고, 버스반인데도 운에 따라서 버스운전을 못할 수도 있기 때문에, 이것은 아무도 모른다는 사실이다. 필자도 수도군단으로 배치를 받으니 조교가 진짜 좋은 곳이라고 축하해줬는데, 예하부대인 공병단으로 배치받았다. 조교의 달콤한 칭찬의 말을 믿지 말자.

〈차량명 – 5/4t (닷지)〉

세 번째 이야기

공병단(지대)

자대일기

여기부터는 일기장에 있는 내용을 그대로 옮긴 것이다.

자대입문 첫날 (2016. 7. 15. 월)

5사단 신교대에 있다가 제 3야수교에서 운전 훈련을 받고 드디어 자대 배치를 도하대대로 받았다. 기존 시설과 도하대대의 시설이 비교되었다. 특히 에어컨이 없다는 사실에 충격을 받았고, 침대가 아닌, 침상을 사용하는 것에 대해 놀랐다.

2주대기 때문에 어딜 가더라도 맞선임한테 보고 해야 하고, 개인 정비 때 뭘 해야 하는지도 모르겠다. 휴가는 언제 써야 하고, 언제 써야 잘 썼다고 소문이 날지, 뭐가 뭔지 하나도 모르겠다.

자기 전에 옆 동기에게 이러저러한 이야기를 들었는데, 유격훈련을 아직 안했고, 10월달까지 훈련이 빡세다고 한다. 하 ;;

〈신병과 더플백〉

행정보급관님, 중대장님 면담 (2016. 7. 17. 일)

운전병으로 제대한 사람들의 말을 들었을 때, 운전병은 '군대의 개 꿀!' 이라고 하는데 아직은 잘 모르겠다. 들리는 말에 의하면 전역할 때까지 300km도 운전을 못한다는 말이 있다. 수능 끝난 후 곧 바로 운전을 시작하여, 야수교에서도 빡세게 훈련을 했는데, 운전을 많이 못할 수도 있다니 슬픈 이야기다. 들리는 소문에 의하면 대형차량 운전병들의 무덤이 이곳 도하대대라고 한다.

자대 배치를 받고 나니, 긴장되고 피곤해서인지, 중간에 깨지 않고 통잠을 잤다. 행보관님 면담하고 중대장님을 면담했다. 면담하면서 민간인으로 있었을 때의 행적에 대해 물어보셨다. 12년 동안 플룻을 연주해 왔고, 드럼, 기타, 사물놀이 등을 6년 동안 했으며, 주식과 부동산 공부도 했고, 로봇을 좋아해서 로봇대회에 나가 상도 받고, 중·고등 때에는 대학교에서 실시하는 영재교육도 이수했다고 했다. 이런 저런 자랑질을 하면서 내가 좀 멋있는 것 같이 느껴져서 기분이 째지게 좋았다.

단장님 면담, 선임에게 혼남 (2016. 7. 20. 수)

정신교육 3번째 날이다. 첫 번째에는 대적관 스피치였는데 상점받을 목표로 길게 발표했고, 두 번째는 '진짜 사나이' 도하편을 보았다. 도하대대에 대해 간략하게 설명한다면, 전쟁이 일어났을 때, 다리를 폭파하여 적들이 남쪽으로 내려오는 시간을 늦추는 것인데 그러면 우리 아군들도 못 넘어가게 된다. 그래서 도하를 하여 반대편 육지로 갈 수 있게 다리를 놓는 역할을 하는 대대이다. 그래서 'First in, Last out'이라는 말이 있다.

도하편을 보지 않았다면, 우리 부대가 무슨 일을 하는지 정확히 몰랐을 것 같다. 보고 나니 우리 부대가 최고라는 생각이 들었고 한편 'ㅈ됐다!' 라는 생각도 들었다.

점심을 먹고 단장님이랑 사진을 찍고, 동기들이랑 간담회를 가졌다. 간담회에서 단장님(대령)이 불편한 점에 대해서 다 말해보라고 하셔서, 우리 도하반 생활관에 선풍기가 두 대인데, 한 대가 고장나서 고쳐달라고 했다. 사실 선임들도 무척 불편해했고 더워했다. 저녁 식사 후 개인정비 시간에, 선임이 단장님과의 간담회 때 무슨 말을 했냐고 물어봐서 선풍기를 고쳐달라고 했다고 하니, 한숨을 푹 내쉬며 혼을 냈다. 맞선임이 말하기를 왜 지휘체계를 안 지키냐는 것이었다. 분대장, 소대장, 중대장이 왜 있냐면서 엄청 뭐라고 했다. 나는 이 부대에 배치 받은 지 얼마 안돼서 잘 모르지만, 에어컨도 없는 내무반에, 선풍기마저 고장 나서 내가 선풍기를 고쳐달라고 요청했다고 말하면 선임들이 좋아할 줄 알았는데 그게 아니었다. 밤 10시가 넘으면 실내온도가 34도이다. 아! 군대에서는 말하라고 한다고 해서 다 말하면 안돼는 곳이라는 것을 알았다. 이런!!!!

지금 생각하면 군대는 철저한 지휘체계가 존재하기 때문에 당연하다고 생각되지만, 당시에는 이해하기가 조금 힘들었다.

천안독립기념관 (2016. 7. 21. 목)

오늘은 독립기념관에 다녀왔다. 2시간 30분 정도 버스를 타고 달려서 11시 20분쯤 도착했다. 점심으로 전투식량이 지급되었다. 먹어보니 나쁘지 않았는데 동기들은 어떻게 먹냐고 했다. 자세히 보니 제조일이 2013년 6월 인데, 유통기한은 2016년 8월이었다. 3년치 유통기한이 있는 음식이 있다는 것이 놀라웠다. 내용물은 김치볶음밥, 흰밥, 멸치조림, 양념두부, 고기완자였다.

독립기념관에서는 2시까지 생활관 동기들이나 간부들과 같이 돌아다녔다. 전에 가족이랑 같이 독립기념관에 왔었다. 그 때 독립기념관 밖에 가죽조끼가 걸려있었는데, 독립애국지사들을 잡아다가 물 묻은 가죽조끼를 입힌다고 써 있었다. 가죽조끼가 마르면서 숨을 쉬지 못하게 몸을 조이는데, 사람들이 꼬구라친다고 한다. 손 안대고 고통을 주는 참 끔찍한 고문이라고 생각했었다. 지금은 군대 동기들과 선임들이랑 같이 독립기념관에 와 있지만, 그때의 느낌들이 되살아나는 것 같았다. 우리가 누리는 이 자유는 독립운동가들의 희생덕이다. 정말 미안하고 감사하다고 생각했다. 반드시 내 조국은 지켜야겠다고 다짐했다.

정신교육 마지막 날, 세 번째 동기 (2016. 7. 22. 금)

신교대나 야수교보다 자대 배치 받은 이곳의 시간은 녹아버리듯이 빨리 간다. 점심 먹고 나서 골든벨을 했는데, 3번째 문제에서 떨어져서 동기와 같이 생활관에 올라가서 cd플레이어로 노래를 들었다. 군대에서는 mp3로 노래를 듣는 것이 아니라, cd로 들어야 하는 것이 신기했다.

오늘 제발 안 들어오기를 바랬던 동기가 신입으로 들어왔다. 오늘 동기가 안 들어와야 후임병이 들어오게 되는데, 동기가 들어오게 된 것이다. 이미 한명의 먼저 온 동기가 있는데, 이 동기는 나보다 30일 먼저 와서, 이것저것 나에게 다 알려주었다. 이제는 내가 알려줘야 하지만, 나도 겨우 1주일 차이라서 잘 모르는데도 알려줘야 하는 것이다.

세 번째 동기를 놀려주기 위해, 분대원끼리 질문을 하고 답을 맞추도록 했다. 예를 들어 '같이 밥먹으면 토 나올 정도 밥맛 떨어지게 생긴 사람이 누구냐?', '사회에서 길가다 어깨빵을 했을 때, 바로 죽빵 때릴 수 있는 상이 누구냐?' 라는 질문인데, 이 동기가 나를 지목했다. 오 shit!. 그래도 예전 내 생각을 해서 열심히 도와줘야겠다.

필자가 생각하기엔 군대는 선임한테 아부해서 이쁨받는 것이 중요한 것도 아니고, 동기랑 매우 친하게 지내는 것(그렇다고 안 친한 것도 아님)도 중한 것이 아닌 것 같다. 후임한테 잘해줘야 하는 것이 맞다고 생각한다. 선임과 동기는 전역해버리면 끝인데, 후임은 내가 전역할 때까지 끝까지 부대에 남아서 전역식도 해 주고, 기념사진도 같이 찍는다. 후임이 자대배치받아 오면 얼굴에 드러나는 두려움과 당황해하는 모습, 꾀죄죄한 모습이 처음 내 모습 같아 귀엽고, 내리사랑이라는 말이 느껴지게 한다. 정말로 남는 것은 후임이다.

입대했을 때 몸무게가 68kg인데, 오늘 재어 보니 73kg이다. 맨날 PX에 가니, 내가 생각해도 돼지가 된 것 같다. 내일부터 꼭 운동을 해야겠다.

PRI(사격술 예비훈련) (2016. 7. 25. 월)

다음 주가 사격 훈련주라서 PRI(Preliminary Rifle Instruction)를 한다고 했다. 병사들은 PRI를 P(피)말리고, R(알)베기고, I(이)가 갈린다는 말의 약자라고 부른다. 나는 2주 대기가 안 풀려서 생활관에서 대기하는 줄 알았는데, 나도 훈련 대상이었다. 우리 대대는 사격 훈련장이 없어서, 옆 대대로 가는 줄 알았다. 그런데 이날 폭염주의보라서 야외활동을 자제하라는 공문이 하달되어 식당에서 판쵸우의 펴놓고 에어컨 틀어놓고 했다. 완전 개 꿀이었다. 저녁 때 PX에서 과자를 사다가 치즈파티를 했다. 콘치즈, 프링글스 치즈맛, 까망베르 치즈맛, 망고치즈, 콘 아이스크림을 사먹었다. 내일부터 다이어트해야 겠다.

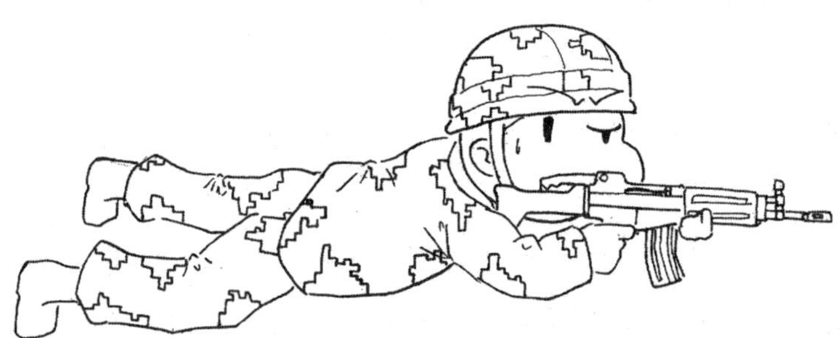

〈사격술 예비훈련 모습〉

파병가고 싶다. (2016. 7. 27. 수)

벌써 수요일이고, 이번 주가 2주째이다. 시간은 빨리 가는데, 전역은 언제 오는지 까마득하다. 오전에 PRI하고 헌혈차가 와서 헌혈을 했다. 저녁에는 엄마와 전화하면서 파병이야기를 했다. 파병이야기는 신교대에 있을 때도 엄마와 이야기한 것이다. 처음에 엄마는 펄쩍 뛰었지만, 지금은 긍정적이시다. 어디가서도 내 몸 지킬 것 이라는 확신이 드는 아들이기에, 엄마의 걱정 때문에 꿈도 꾸지 못하게 막고 싶지 않다고 하셨다. 정보도 검색해서 알려주시겠다고 하셨다. 정말 고마웠다.

폐급자각 (2016. 7. 28. 목)

스피커 방송 소리가 잘 안 들려서 가만히 있었다. 원래는 막내(이등병)가 뛰쳐나가야 하는 것이었다. 인원파악이 잘못되어 수정해야 했는데도 가만히 있었고, 불침번이 문을 안 닫아서 가까이에 있는 선임이 닫으면 좋겠다고 생각하고 가만히 있었다. 이때 나보다 짬이 있는 동기가 먼저 나가서 일을 했다.

사실, 스피커 방송은 서있는 동기가 가는 것이 빠르고, 인원현황판은 쓴 본인이 고치는 것이 맞다고 판단했고, 문닫는 것과 불끄는 것은 그 근처에 있는 동기가 하는 것이 합리적이라고 생각해서 안 움직인 것인데 이것 때문에 선임에게 혼났다. 내 입장에서는 합리적이고 실용적으로 하는 것이 맞는 것 같은데, 군대선임이 보기에는 별로인 것 같아 보였나보다. 결국 나는 폐급이 되어 버렸다. 군대에서는 '합리적이고 최소한의 행동으로 큰 이익'은 개소리인 것 같고, 그냥 잽싸게 눈치껏 움직여야 한다는 것을 깨달았다.

폐급 용사 ~~그러나 폐급의 장점이 있다. 잘못해서 계속 욕을 먹다가, 한번 잘하면 칭찬을 받고, A급으로 수직 상승한다. A급의 단점. 늘 잘하다가 한번 실수하면 한방에 훅 간다. 그러므로 선임에게 혼났다고 해서 섭섭할 것 하나도 없다.

바보게임 (2016. 7. 29. 금)

일주일 동안 비가 올랑말랑 하여, 비가 시원하게 오기를 바랬는데, 오늘이 바로 그날이었다. 마치 일주일치의 비가 한꺼번에 내린 것 같았다. 오늘이 신병집체 교육 마지막 날이다. 신병집체교육이란 자대에 온 시기가 비슷한 전우들을 모아 한곳에서, 자대 적응, 단장님과의 면담을 하는 프로그램이다. 쉬는 시간에 집체 담당교육 간부님이 심심하지 않게 퀴즈를 냈다. 그 내용은 '개구리가 절벽을 올라갔다 내려갔다, 살았게? 죽었게?' 였다. 유치하다고 느껴지지만 그래도 재미있는 시간이었다. 오늘로써 2주 대기가 풀렸다.

첫 불침번 (2016. 7. 30. 토)

수도군단(도하대대)으로 온 후 첫 번째 불침번을 서게 되었다. 이곳은 신교대나 야수교보다 할 일이 많다. 컴퓨터로 온도측정 종이를 뽑고 인원, 총기현황판을 체크해야 한다. 나는 계급이 낮아 부사수이고, 사수는 상병 이상이다. 첫 불침번이라고 하니, 옆에서 자세히 하나하나 알려주었다. 들리는 소문에 의하면 이 상병님은 무섭다고 했는데 그냥 소문이었나 보다. 장난치고 이야기를 하던 중 다른 생활관 선임이 쌀국수를 먹으라고 주셨다. 사실 근무 중에 뭘 먹으면 안 되는 것이다. 한 젓가락 먹으니 '왜 니가 먹는데 내가 망봐줘

〈첫 근무 때 사건〉

야'하냐고 해서 화장실 첫째 칸에서 먹고 나오겠다고 했다. 그런데 갑자기 화장실 문이 열리는 것이었다. 당직 사관님도 짜파게티 먹으려고 물을 버리러 온 것이다. 입안의 쌀국수가 넘어가지 않았다. 당직사관님이 나오라고 해서, 나가면서 '죽었다!'라고 생각했다. 첫 불침번을 서면서 쌀국수를 먹다가 걸리다니ㅜㅜ. 당직사관님은 '이등병이 어떻게 혼자 먹냐?' 면서 사수도 먹었냐고 다그쳐 물었다. 사실 사수는 한 젓가락도 먹지 않았는데 말이다. 어쨌든 운 좋게 쌀국수 먹은 것을 봐주셨다. 원래 근무 중에는 당연히 먹으면 안 된다. 라면이 먹고 싶으면 근무 끝나고 당직사관님에게 보고하고 먹을 수 있다. 근무 끝나고 사수가 당직사관에게 쌀국수 먹어도 되냐고 물어보니, 당직사관님이 헛웃음 치시면서 먹으라고 하셨다. 근무 서면서 음식물 취식은 절대 불가한 일이라서 이후 그런 일은 없었다.

필자에게는 무서웠던 선임과 첫 불침번을 보내며, 배고플까봐 걱정한 선임의 따뜻함을 느낄 수 있는 즐거웠던 추억이다. 혹여 군기가 빠졌다고 보일까 염려되기도 하나 본질은 이러한 사소한 배려로 인해 힘든 군대생활을 아름다운 추억으로 견딜 수 있었다.

삽탄 (2016. 8. 2. 화)

삽탄 연습을 했다. 삽탄 연습이란 탄창에 총알을 넣는 연습을 하는 것이다. 아무리 운전병이라 해도 총을 쏘는 법은 알아야 하기 때문이다.

오늘 점심은 후배식이다. 후배식이란 부대의 식당이 작아서 식사를 나중에 하는 것을 말하는 것으로, 1주일마다 돌아간다.

점심 먹고 쉬고 있는데, 행정실에서 할 일 없는 사람(군대에서 할 일 없는 사람이란 제일 막내 후임을 의미함)은 위병 초소에 가서 청소하라고 했다. 땀 나고 더웠지만, 청소하러 갔더니 세상에나 에어컨이 빵빵이 돌아가고 있었다. 인생사 '새옹지마'라는 것을 느끼게 해주는 순간이었다. 더운 밖에 있다가 에어컨 앞에 서니 온몸이 녹는 기분이었다.

청소 후에 차량점호를 했다. 차량점호는 말 그대로 차량 상태 점검이다. 운전병이니까 차량에 대해 배우는 것은 당연하다고 생각하고 들어갔다. 점호할 때 한 선임이 너무 친절하게 잘 알려줘서 감동을 받았다. 나중에 후임이 생기면 똑같이 해줘야겠다고 다짐했다. 차량점호 중 비가 엄청 빡세게 내리기 시작했다. 차량대가 뚫리는 줄 알았다. 창고 짐 옮기기, 비 맞은 물건 창고에 넣기 등을 여러 번 반복했다. 습함 + 개 빡셈 =3주 일과를 합친 것 보다 더 힘이 들었다. 이런 일을 야전공병(야공)은 맨날 한다고 하니 진짜 고생한다는 생각이 들었다.

일과집합 (2016. 8. 3. 수)

오전 8시30분에 일과집합을 했는데 너무 더워 미치는 줄 알았다. 일과집합은 중대원이 한곳에 모여서 전달 사항을 지시받는 것으로 우리 부대는 흡연터가 만남의 장소이다. 그런데 흡연터가 야외라서, 햇볕이 너무 강해 피부가 따가웠다. 나는 속으로 '김현우, 김현우, 김현우' 마법의 주문을 외우고 있었다. 세상에나! 내 주문이 하늘에 닿았는지 수송관님(준위)이 "김현우" 하고 부르셨다. 새로운 신병 면담을 한다는 것이었다. '오!. 하나님, 땡큐, 베리, 감사요^^' 수송관님이 자기소개를 해 보라고 해서 '운동을 좋아해서, 태권도, 유도 1단이다, 악기연주를 좋아해서 플룻 12년간 해왔다. 경제관념이 있어 부동산과 주식공부를 하고 있다. 로봇제어전공인데 원래 꿈꾸던 학과이다. 쌍둥이 동생이 있다' 등을 설명했다. 다 듣고 나시더니 '외유내강이네'라고 말씀하셔서 기분이 좋았다.

〈인원 수송 중〉

전투사격 (2016. 8. 4. 목)

오늘은 대망의 전투사격을 하는 날이다. 어제 밤은 조기취침이라서 21시에 잤는데, 오늘 기상시간은 5시였다. 겨우 일어나 코로 아침식사를 대충 하고, 부랴부랴 준비해서 5t 상용트럭에 탑승했다. 수도군단 예하 부대 어디인지는 잘 모르지만 1시간 정도 걸렸다. 도착 후 PRI 몇 차례하고 강의 듣고 난 후 사격하러 올라갔다.

입사 5발, 쪼그려 쏴 1발, 무릎 쏴 2발, 서서 쏴 1발, 무릎 쏴 점사 1발, 돌격 쏴 연사로 쐈는데, 13발 중에서, 12발을 맞췄다. 룰루랄라라라~~~ 13발은 만발, 12발은 특급, 11발은 1급인데, 나는 특급인 것이다. 총을 쏘고 나니 온몸이 땀에 절어 있었다. 날씨는 더웠지만 총 쏘는 것에 너무 집중해서 더운지도 몰랐다.

자대에 도착하여 샤워한 후에 13:30~15:30까지 오침하라는 방송을 듣고 꿀잠을 잤다.

개인정비 시간에 PX에서 끌레도르 블루베리컵, 나초 사느라 IBK 카드로 3300원 썼다. 22:35~00:15에 불침번을 섰는데 생활관 온도는 34도였고, 복도는 32도였다.

운수 좋은 날 (2016. 8. 5. 금)

오늘 운전을 할 뻔했는데, 사수(운전 경력 있는 장병)가 부사수보다 적어서, 나와 생활관 동기 한명은 운전을 못하게 됐다. 그 대신에 간부님이 100m 정도 떨어진 곳을 가리키며, 나무판자 두 개가 있으니 가져오라고 했다. 그러나 아무리 둘러봐도 판자가 보이지 않았다. 주변을 둘러보니 엄청나게 길고 무거운 판자 두 개가 있기에 그것인 줄 알고, 둘이서 엄청 낑낑대며 힘들게 날랐다. 그런데 그게 아니라고 했다. 간부님은 답답하게 왜 있는 판자도 제대로 못 가져오냐고 하시면서, 판자가 있는 데로 가보자고 하셨다. 같이 가 봤는데 진짜 판자가 없었다. 확인도 안 해보고 일을 시킨 간부님이 잘못된 건지, 물어보지 않고 일을 한 우리가 잘못된 건지 모르겠지만, 잘못가져온 판자를 다시 원 위치에 가져다 놨다. 손가락이랑 팔이 엄청 부어 있었다.

오후에는 부대 전체가 동기생활관으로 이동을 하게 되었다. 다행히 나는 생활관이 그대로 여서 좋아했는데, 알고 보니 생활관에 없는 사람의 사물함을 옮겨줘야 했다. 없는 사람의 짐까지 옮기느라 무척 힘이 들었다. 저녁에 밥을 먹으려고 하니 손이 덜덜 떨려서 식사를 제대로 할 수가 없었다. 오늘은 정말 '억세게 운수 좋은 날'이다. 열 받아서 PX가서 레몬에이드 1.5L, 아이스크림, 허니밀크, 오감자를 사먹었다.

〈무거운 것 나르는 중〉

종교생활 (2016. 8. 6. 토)

아침점호하고 10분 정도 서 있었는데 땀이 등골로 달리기 하는 것이 느껴졌다, 마치 개구리 수 십 마리가 등짝에 달라붙어 미끄럼 타는 것 같았다. 군대오고 처음으로 아침에 샤워를 했다. 아침으로 빵식 먹고, 토요일이지만 교회에 가야 했다. 특히 분대장님이 군종병이라서 약간 반강제로 참여하게 되었다. 사실, 교회에 가면 떡볶이, 튀김, 피자, 통닭, 팥빙수 등 먹을 것이 많아서 나쁠 것은 없다. 사실 나도 교회에 계속 다녔으나, 2~3년 전부터는 가지 않게 되었다. 마지막으로 교회 갈 때가 생각났다. 교회가는 길에 1000원에 5개짜리 도너츠 가게가 있었는데, 어느 날 문을 닫아 더 이상 교회에 나가지 않았다. 도너츠 사 먹으러 교회에 간 건지, 신앙으로 간 건지는 헷갈린다. 어릴 때는 엄마 손을 잡고 당연하게 교회에 갔지만, 이제는 자꾸 믿으라고 신앙을 강요하는 것이 싫다. 1시간 정도 신앙으로 교회에 있었고, 오늘 처음으로 PX에 가지 않았다.

오~~굿! 다이어트 변화의 시작이다. 다시 생각해보니까 교회에서 너무 많이 먹어서 PX를 안 간거였다!

엄마 면회(2016. 8. 7. 일)

오늘은 진짜 기다리고 기다리던 면회날이다. 1주일 동안 면회날만 기다렸다. 면회가 좋은 이유는 면회를 하게 되면, 종교생활을 안해도 되기 때문이다. 사실 그동안 종교생활이 그다지 나쁘지는 않았으나, 종교 마일리지가 사라져서 싫어졌다. 너무 솔직한가!

엄마가 부대에 11시쯤 도착한다고 했는데, ○○시에 9시 도착했다. 베스킨 라빈스 아이스크림은 10시에 문을 열기 때문에 엄마가 부천역에서 1시간을 기다려서 아이스크림을 사오셨다. 엄마도 빨리 보고 싶고. 핸드폰도 보고 싶고, 베스킨 라빈스 아이스크림도 먹고 싶은데 어쩌겠는가!

엄마가 아이스크림을 사서 위병소에 도착한 시간이 10시30분이었다. 나는 처음 면회라서, 인솔자가 꼭 면회장까지 따라 가줘야 했다. 그래서 맞선임 두 명이랑 같이 갔다. 면회장에 가기 까지 할 일은, 우선 자대 건물을 나가기 때문에 행정실에 보고한 다음, 지휘통제실에 보고하고, 마지막엔 위병소에 보고하면 면회가 시작된다. 멀리서 엄마가 보였을 때, 정말 반가워서 달려가고 싶었다. TV에서 보는 것처럼 '어머니' 하고 싶었지만 맞선임이랑 보조 맞춰 걸어야 했다. 엄마랑 이런저런 이야기를 하며 맛있게 아이스크림을 먹었다. 아이스크림을 먹어서 배가 부른데, 엄마가 치킨을 먹자고 했다. 엄마가 나랑 치킨 먹고 싶어서 면회 온 것 같았다. 그래서 엄마의 소원대로 치킨을 같이 먹어줬다. ㅋㅋ

엄마랑 이야기 하는 중에 매일 일기를 쓴다고 하니, 엄마가 "키이이잉ㄱ? 쓰고고고곡고고!!!" 이상한 소리를 내시더니 나중에 책 만들자고 하셨다. '엄마는 외계인' 이라는 아이스크림이 괜히 생겨난 것이 아닌 것 같다.

민간인 시절에도 일기를 쓰지는 않았지만, 군대에 오니 이제 일기를 안 쓰면 뭔가 찝찝하다. 책을 내자는 말을 듣고 나니 왠지 으쓱해졌다. 나중에 내 책이 나온다면 정말 좋겠다.

〈엄마 면회〉

그 분 (2016. 8. 8. 월)

저녁 먹을 때 그 분이 시비를 틀었었다.

그 분이라고 하는 이유는 해리포터에서도 볼트모트의 이름을 부르지 않고 그 분이라고 하기 때문이다. 그 정도로 그 선임의 이름이 짜증나서 안 불렀고 동기들도 따라서 그 선임보고 그 분이라고 한다.

오늘은 '맞선임이 부르십니다'라고 해서 털렸다. 솔직히 내가 잘못한 것은 맞는데, 그렇게 비꼬고 짜증낼 만한 일은 아니라고 생각하는데 선임이니 어쩌겠는가? 사회에서는 막내가 선배들을 대할 때 무조건 존댓말을 사용하면 되지만, 군대는 '압존법'이라는 관습이 있어, 듣는 사람을 기준으로 말하는 사람보다 계급이 낮으면 무조건 낮추고, 높은 계급이면 높임말을 쓰는 것이다. 압존법이 폐지됐다고 하는데, 그 부대의 전통이 있어서 말만 폐지지 병사들 간에는 사라지지 않는 것이 현실이다. 고문, 구타, 욕설, 폭언은 분명히 금지지만, 사라지지 않고 계속 일어나는 현상과 같은 것이다.

개인정비 시간 후에 청소시간이었다. 우리 분대가 화장실 청소를 하는데, 또 그 분이 계셨다. 그 분은 화장실 청소를 안 하고 자기 등목을 시켜달라고 했다. 그래서 내가 해주겠다고 하니 '너는 등목을 못할 것 같아서 안돼' 라고 했다. '하~등목을 잘하는 사람 있고, 못하는 사람이 있나?' 만약, 가까이에 있는 내가 등목을 해준다는 말을 안했다면, '선임말이 안들려?' 하고 또 난리쳤을 것이다. 사회에 나가면 맞짱 뜨고 싶은 기분이 들었지만 참았다.

한참 후에 그 분이 세면대를 수세미질을 하길래, 내가 하겠다고 했다. 여기까지는 아무 이상이 없었는데, 왜 힘이 없냐면서 '왼손'

이라서 힘이 없냐고 또 시비였다. 나는 왼손잡이라서 왼손의 힘이 세서, 왼손으로 빡빡 문지르고 있는데 힘이 없다고 하니, 정말 왼손의 악력을 제대로 한번 보여주고 싶은 마음이 굴뚝같았다. 하지만 짬찌인데 어떻게 하겠나. 참아야지.

일기를 그대로 옮기다 보니 그 분에 대해 분노가 있는 것처럼 느껴지나, 심한 감정은 없다. 군대라는 곳은 전역을 하면 다른 세상의 일처럼 잊혀지는 신기한 곳이다.

고인 (2016. 8. 9. 화)

우리 분대의 병장님이 드디어 '고인'이 되셨다. 군대에서는 전역하는 분을 '고인'이라고 한다. 부대원들 앞에서 전역식을 하고, 우리 분대원과 같이 전역식하러 위병소까지 같이 갔다. 위병소 근무자가 철창문을 열어줘서 걸어 나가는 것을 보니 정말 개부러웠다. 내가 전역식을 하기 위해서는, 내 앞의 동기 포함 75명을 보내야만 민간인이 되는 것이다.

오전에는 청소하고 진수장(큰 수영장)에서 10인승 보트타고 내기를 했다. 중대장님이 이기면 분대 외박 2개를 쏜다고 하셨다. 진수장 물은 고여 있어서 물에 기름이 떠다니고 더러워서, 에이즈 빼고 모든 병에 다 걸릴 것이라는 소문이 있었는데 의외로 깨끗했다. 분대 외박이 걸린 일이라서 온힘을 대해서 노를 저었는데, 첫 번째 예선에서 탈락했다.

오후에는 축구시합을 했다. 우리 부대의 전체 도하반이 7개인데, 우리 부대가 부전승으로 결승전을 치르게 되었다. 오전에 노를 저어서 팔이 아파 대충하려고 했으나, 이기면 '외박' 이라는 말에 단단히 마음먹었다. 축구장은 부대에서 10분 정도 떨어진, 부대 밖의 공원에 있다. 부대 안과 밖은 공기의 냄새부터 달라서 신기했다. 나는 우리 부대의 수비를 맡았다. 의지와는 달리 2:0으로 지는 상황이었고, 시간도 10분밖에 남지 않았다. 분대 외박을 걸고 죽을 힘을 다해서, 혹시나 기적이 있을 것을 기대하고 뛰었으나, 결국 지고 말았다. 비누거품처럼 외박이 하늘로 둥둥 날아갔다. 그런데 중대장님이 "1등 말고 나머지 팀에게 뭐 해줄까?"라고 하셨다. 누가 뭐라고 할 것 없이 한 목소리로 "분대 외출"을 외쳤다. 그랬더니 중대장님이 쿨하게 승낙하셨다. (룰루루룰~~~~). 시합 후 수송관님(중위)이 중대원 전원에게 아이스크림을 쏘셨다.

저녁에 PX에 가서 휴지, 수첩, 구구콘컵을 사느라, IBK기업은행카드로 4700원을 썼다. 오늘은 시원하게 땀 흘린 보람이 있는 날이다.

고인은 군대를 전역하여 사회에 나가는 왕부럽이를 일컷는 군대 용어다.

혼나는 썰

• 선임 중, 그 분이 밥을 늦게 먹어서 점심에 주는 주스를 못 먹을 것 같아 가져다 주었다. 계단에서 마주쳐서 부르니 짜증 만땅 + 짜증 곱빼기 얼굴로 "왜?"라고 물어봤다. 그래도 꾹 참고 주스를

드리니, 자기를 챙겨줘서 고마운지 목소리를 바꾸면서 고맙다고는 했지만 싫어하는 티가 확 났다.

• 선임이 누워있고, 난 선임 옆의 관물대에 전투화를 신은 채 침상에 애매하게 앉아 있었더니, 신발을 신든지 벗든지 한 가지만 하라면서 혼냈다. '아나! 선임 옆에서는 눈치 보여서 다리도 제대로 못 펴겠네'

• 선임이 면봉이 필요하다고 찾길래 내 것을 주니, '니가 왠일로 면봉이 있냐?'면서 기분 나쁘게 말했다. 줘도 ㅈㄹ이다.

• 화장실 청소하는데, 선임이 자기는 안하면서 나한테만 따라다니면서 '왜 대충하냐?'면서 혼냈다. 화장실 청소를 영혼을 끌어모아 열심히 와이퍼질을 하고 있는데, 잘 한거 맞냐면서 뭐라고 해서 기분이 나빴다.

• 임무 분담표에 전출간 사람의 이름을 적어서 보고 하는 것이 있는데, 잘못 적어서 볼펜으로 쭉 그었다. 그런데 그렇게 하면 안된다고 혼냈다. '진작에 알려나 주지'

• 불침번을 서면서 사수의 허락을 받지 않고, 물을 마셔서 혼이 났다. 불침번을 설 때는 물도 제대로 마시지도 못하나 보다.

• 불침번을 서면서 문 앞에서 서 있었는데, 문지기냐? 면서 혼

냈다. 왜 혼이 나는지를 모르겠다.

'하! 진짜 싫다. 왜 시비터는 거야!'

이게 전부 하루 만에 일어난 일이다. 자대 배치받고 오니, 선임과 간부님들이 '김현우 잘생겼다'라고 하니 질투나서 그런 것 같은데 어디 그런다고 내가 흔들리나 봐라!

윗 글은 그 분(선임)과 하루 안에 있었던 일이지만, 지금 생각하면 가장 생각나는 사람 중의 한명이다. 사실 그 분이 그렇게 행동했어도 내가 반응을 보이지 않아서 오히려 나보다 더 빡쳤을 것 같다. 나중에 길에서 우연히라도 만나게 되면 얼마나 힘들었을지 위로라도 해주고 싶다.

화생방

누군가가 군대의 꽃은 '화생방이다'라고 한 것을 들은 적이 있어 화생방 훈련에 대해 약간의 기대감이 있었다. 화생방은 화학, 생물, 방사능의 앞자를 딴 약자이다. 일단 신교대에서는 누구나 다 한번씩 감기에 걸리는데, 그 이유가 전투화에 묻은 먼지를 아무리 깨끗하게 털어도 머리 밑(침상)에다가 전투화를 놓게 되므로 먼지에 내성이 없는 사람들이 감기에 쉽게 걸린다. 감기가 다 나을 무렵 옆에 있는 동기가 감기가 시작되므로, 무한 전염으로 신교대 나오기 전까지 계속 걸릴 수밖에 없다. 그런데 이런 무한감기를 한방에 뚫어주는 것이 바로, CS탄(화생방)이라고 한다. 조교가 30초만에 기분이

나빠지게 만드는 것은 CS탄 흡입 말고는 없다고 하여, 긴장이 되었다. 방독면을 착용하고 화생방 건물에 들어가게 되는 것인데, 방독면 옆에 정화통이 있어서 그런지 이거 별거 아닌데 사람들은 왜 이렇게 호들갑 떨었지 싶었다. 그런데 정화통을 빼라고 해서 정화통을 빼고 숨을 쉬었는데 "흠~ 켁? 음?" 또 한번 들이 마시니까 "콜록" 하다가 숨을 참았는데도, 눈물이랑 콧물이 계속 줄다리기를 하여 나서 이러다가 진짜 죽는 것이 아닌가 싶었다. 체감상 1시간 넘어간 것 같은데, 실재 시간은 2분 이내에 조교가 정화통을 끼우라고 한다. 평상시에는 잘도 끼워지던 정화통이 서두르니 더욱 안 들어갔다. 숨은 계속 타 들어가는데 죽기 전에 끼고 나니 신세계가 따로 없었다. 지옥에서 천국으로 바로 넘어 온 기분이었다. 필자도 군대의 꽃을 경험해 봤으니, 후임님들도 반드시 경험해야 하는 아름다운 화생방이라고 생각한다.^^

〈화생방 훈련 모습〉

식단

군대에서 장병들 건강관리에 힘쓰는 게 보인다. 거의 매 끼니마다 고기반찬은 꼭 하나씩 있다. 그런데 고기반찬이 나온다고 해서 꼭 좋은 것은 아니다. 아침에 소고기가 나오면, 점심에도 소고기, 저녁에도 소고기라서 진짜 미칠 노릇이다. 같은 고기가 질려서 먹기 싫어질 정도로, 하루에 똑같은 고기가 나온다. 또한 식단 밸런스를 조절하는지, 고기만 나온 다음날에는 풀밖에 안 나온다. 심지어 어떤 때에는 단가 미만일 것 같은 부실한 식단이 나올 때도 있다. 자대에서는 부실하게 식단이 나오면, PX가면 그만이고, 만약 PX에 가기 싫으면, 먹고 싶은 만큼 자기가 배식을 담아서 더 먹으면 된다. 그러나 신교대에서는 정해진 배식양이 있어서 배가 고파도 더 먹을 수 없기 때문에 식판 양념까지 핥아먹고, 생선가시까지 다 먹을 정도였다. 필자가 신교대에 있을 때 신선한 과일은 한번도 안나왔다. 나왔다고 해봤자 딱 한번 샐러드에서 토마토 2개가 전부였다. 5월이 과일이나 야채가 비싼 시기일 수도 있지만, 집에서는 굴러다녔던 과일이 그리웠다.

군대에 있는 동안 살충제 계란 파동, 광우병 파동, AI파동이 있었다. 그럴 때마다 군인들 배식으로 다 소진되는 것으로 알려져 있으나. 사실 부대에 있으면서 그 부분은 잘 모르겠다. 왜냐면 부대 식단은 1달 먼저 공지되기 때문에 AI가 있을지, 살충제 계란이 나올지 모르는 상태에서 식단을 정하기 때문이다. 그러나 사정이 있을 시 공문으로 내려와 변경도 가능하다고 하지만, 필자 부대는 한 달 표에 의거하여 거의 그대로 준수하여 나왔다.

군대리아

SNS에서 본 군대리아를 처음으로 부대에서 영접하게 되었다. 군대리아는 군대 + 롯*리아의 합성어이다. 군대에 들어가면 꼭 먹고 싶었던 햄버거라서 솔직히 기대가 컸다. 세상의 이치는 기대가 크면 역시 실망도 크다는 명언을 벗어나지 않았다. 내가 알고 있는 불고기 패티는 이런 색과 식감이 아닌데, 무엇으로 만들어져 있는지 모르겠지만 은근히 안씹히는 것도 있었다. 혹시 닭대가리 패티인가 싶어서, 나중에 컴퓨터로 검색해보니 음식에는 닭대가리를 넣지 않는다고 했다. 그래도 햄버거 속은 시중에 파는 햄버거 빵, 딸기잼, 야채샐러드로 알찼다. 게다가 우유 2개와 캘로그 시리얼은 보너스이다. 만들어 보니까 시중에 파는 불고기 버거보다 더 두툼하고 배부르게 먹을

〈군대리아〉

수 있었다. 나중에는 밥 배식 보다 군대리아가 기다려졌다.

군대에는 불고기 버거만 있는 것이 아니라, 새우 버거, 햄치즈 버거, 핫도그(이건 2개)로 총 4개의 버거 시리즈가 돌아가면서 식단이 나와서 4배로 행복했다. 그러나 치킨버거는 마지막까지 단 한번도 나오지 않았다. 정말 먹고 싶은 것은 치킨이 조합된 햄버거인데 말이다. 통일 될 즈음에는 치킨버거가 나오려나?

팬티만 입고 춤 춘 사건

군대에서는 '다른 사람의 팬티도 훔쳐입는다'라는 말을 많이 들었을 것이다. 팬티하면 떠오르는 사건이 있다. 자대로 전입오고 2달 후에 갓 일병 1호봉 달았을 때이다. 이때에는 동기생활관이 아니고 선임들이랑 함께 쓰는, 분대건제 생활관이였다. 그래서 모든 하나하나 행동에 엄청 예민하고 신중해야 했던 시기였다. 선임들이 들어올 때와 나갈 때, 생활관에서 티비 볼 때 등 엄청 눈치를 봤던 시절이었다. 마침, 생활관에 선임들은 나가서 없었고, 동기만 있었을 때 티비에서 연예인 블랙핑크가 노래 부르고 춤을 추고 있었다. 이때 나는 근무자교육으로 활동복에서 전투복으로 환복하고 있는 중이였다. 솔직히 이 시기 때에는 블랙핑크가 군인들 대통령급이었다. 노래가 너무 좋아서 옷 갈아 입으면서 리듬타고 있었다. 노래도 점점 절정에 다가오니까 흥분하여 선임과 함께 생활하는 생활관이라는 것을 잊고, 블랙핑크와 같이 춤추기 시작했다. 이런 말하기에는 조금 민망한데 내가 블랙핑크인지, 블랙핑크가 나인지 모를 정도로

춤신이 접신하여 같이 따라서 춤추기 시작했다. 살면서 내가 흥이 많은 놈이란 것은 이때 처음 알았다.

이 모습이 너무 웃기다고 동기 한명이 배꼽잡고, 새우처럼 구부리며 '낄낄깔깔' 복도가 다 떠내려가게 웃었다. 엄청 웃은 동기의 소리가 맞맞선임(분대 최고참)을 끌여 들었다. 이 선임을 이제부터 A라고 하겠다. 참고로 이 A라는 선임은 우리 분대 동기들 사이에서 가장 무서운 존재였다. 그런 선임이 문 열고 들어 왔더니 갓 일병 1호봉 막내가 팬티만 입고 춤추고 있는 게 아니겠는가! 순간 머릿속이 하얘지는 기분이었다. 'X됐다!'. 여기서부터 난 불효자가 되었다. 팬티만 입고 춤 춘 것 가지고 '나이를 똥X로 ㅊ먹었냐?', '부모님은 안녕하시냐?'는 것 까지 합쳐서 3시간 정도 탈탈 털렸다. 그런데 욕먹어도 아무 말도 할 수 없는 것이 갓 일병이 팬티만 입고 춤춘 것이 말이나 되는가!

동기생활관이면 몰라도 선임이랑 함께 있는데 경솔한 행동을 해서 입이 열 개라도 할 말이 없었다. 머릿속에서는 이 상황을 모면하려고 알파고 빙의해서 모든 루트를 다 동원하고 있었는데 도저히 빠져 나갈 수가 없었다. 최종결과가 '포기해' 였다. 혼나면서도 블랙핑크의 '빵빵 빠라빠라빵빵빵~ 분위기가 좋아~ 붐바야~~♬♪'가 머릿속에서 맴돌았다.

〈팬티만 입고 춤 추는 모습〉

이삿짐 박스

팬티사건이 지나고 1주일 정도 됐다. 그런데 또 사건 아닌 사건이 터졌다. 선임이 보급병이라서 물건 옮기는 것을 좀 도와달라고 해서, 동기 2명과 같이 도와주러갔다. 전투복이 담겨 있는 이삿짐 박스를 창고에다가 비우고, 이삿짐 박스는 밖에 둔 채, 선임은 화장실 좀 다녀오겠다고 잠깐 자리를 비웠다. 그늘진 건물 안이 아니고 여름인지라 너무 더웠다. 이삿짐 박스 안에 들어가면 햇빛을 피할 수 있을 것이라는 생각에, 나는 박스 안으로 쏙 들어갔고, 동기는 옆에 있었다. 선임이 돌아오니 동기만 있고, 한명이 없으니 '한놈 어디 갔냐?' 라고 물었다. 동기가 "XXX상병님 뒤에 있습니다."라고 해서 뒤를 보니 이삿짐 박스밖에 보이지 않았다. 여기서 부터는 선임의 관점에서 서술하겠다. 박스 밖에 없는데 뭔 소리냐고 하니까, 동기가 박스 안에 있다고 해서 박스를 빼보니 사라진 '나'님이 눈앞에 쭈그리고 있었다.

"이 미X놈아 왜 여기 있어?"라고 묻길래, "햇빛 피하려고 여기 있었습니다."라고 하니까 어이없어 하면서 욕하면서 엄청 웃었다. 선임이 웃기에 나도 같이 웃어줬다. 이 선임은 욕하면서도 후임을 챙겨주는 스타일이다. 후임하고 잘 통하는 선임도 있어서 이런 장난도 가능했고, 이야깃거리가 늘었다고 생각한다.

엄마 같은 〈엄마분식〉 이모님

필자가 있는 부대는 지리, 위치, 위도, 경도, 풍향, 고도 등 모든 것을 통틀어서 좋은 부대였다. 참고로 부대 위치만 그런거다.

우선 부대 위치 자랑 좀 해보면, 위병소 나가자마자 5분 거리에 PC방이 있고, 8분 거리엔 대형 프랜차이즈 햄버거 가게가 있었다. 택시 타고 10분만 가면 지하철역이 있어서, 어디로든지 갈 수가 있다. 밤에 외각근무를 서는데 주변을 둘러보니까 빨간색 십자가가 있길래 세어보니 16개나 있다. 이 빨간 십자가는 참고로 교회를 뜻한다.

군인들이 위병소로 나오자마자 향하는 곳은 군인들의 성지 '엄마분식'이다. 맛이 있으면 비싸기 마련인데 여긴 맛도 착하고, 가

〈엄마분식 이모님과 함께, 왼쪽은 쌍둥이 동생 김도형, 오른쪽은 필자〉

격까지 착해서 쥐꼬리만큼 받는 군인들한테는 그야말로 성지가 아닐 수가 없다. 맨날 짬밥만 먹고 살다가 여기 분식을 먹으면 7성급 호텔음식 저리가라 정도이다. 외출 나가면 세 끼를 아침, 점심, 저녁으로 다 먹고, 외박 나가면 아침을 여기서 먹고, 만약 다른 곳에 가면 복귀할 때 다시 먹는다. 갓 들어온 후임들이랑 같이 나가게 되면, '엄마분식'을 인수인계 해준다. 그러면 그 후임은 다음 후임에게 또 인수인계 해주면서, 군인들의 성지로 발전하게 된 것이다. 또, 이모님이 요리를 엄마 같은 마음으로 해줘서 엄마의 손길 같은 맛을 느낄 수 있었다. 잠깐 동안 집에 있는 것 같은 따뜻한 밥상이다. 말출 복귀 때 오면 이모님이 한턱 쏜다고 하셔서, 말출 때 든든하게 공짜밥 먹고 들어갔다. 전역하는 날 부모님과 함께 들러서 식사도 하고, 작은 선물과 함께 고맙다고 인사를 드리고 왔다. 나중에 책이 나오면 다시 찾아가 인사드리고 싶다. 엄마분식 이모님이 계셔서 군대 생활이 덜 외로웠다.

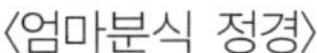
〈엄마분식 정경〉

〈엄마분식에서 바라 본 PC방〉

자대 에어컨

이번 주에 에어컨이 생긴다는 소문이 있었는데 그게 사실이었다. 운동 후 에어컨을 나르는 것을 봤는데, 에어컨의 외모가 20~30년은 족히 넘어 보였다. 실외기랑 에어컨이 붙어있어서 신기했다. 브랜드가 금*이었다. 그래도 에어컨이 생긴 건데 얼마나 감사한가?

필자가 자대로 배치를 받았을 때가 2016년 7월 중순이였다. 자대 생활관에 들어가 보니 사실 충격과 공포였다. 어째 점점 갈수록 시설이 이렇게 열악한가! 연천(5사단 신교대)->가평(제3야수교)->부천(자대)순으로 시설이 점점 슬퍼진다.

사단 신교대 때에는 5월 초라서 에어컨이 필요 없었고, 야수교 때에는 시설이 조금 슬펐지만 에어컨은 빵빵해서 괜찮았는데, 가장 오래 머무르고 중요한 자대에는 에이컨이 없어 정말 슬펐다. 더욱이 더위를 많이 타는 체질이어서 견디기 힘들었다. 찜통 같은 시간을 견디고, 1달 정도 있다가 에어컨 들어왔다는 소리에 엄청나게 환호성을 질렀는데 에어컨이 어떻게 전자레인지 같이 생긴 창문형이었다. 원래 에어컨은 찬 바람나오는 에어컨과, 따뜻한 바람을 내뿜어 주는 실외기가 있는 것으로 아는데, 어떻게 에어컨과 실외기가 합쳐져 있는 건지 이해할 수가 없었다. 전자제품 회사에서 최신형 에어컨을 만든 것을 설치한 것인가 싶어서 브랜드를 보니 금*이라고 써 있었다. 이제서야 눈에 들어온 게 페인트 벗겨진 일체형 에어컨이었다. 에어컨이 없는 마당에 이런 기계라도 생기니까 감사하게 써야겠다는 마음으로 사용했다. 그래도 에어컨 평가를 내려 보면 아래와 같다.

외관: 전자렌지 만한 크기와 세월의 흔적이 고스란히 남겨있다. 부모님세대 정도의 기계 같아 보인다.

성능: 에어컨이 맞나 의구심이 든다. 에어컨을 틀어도 온도가 떨어질 생각을 안 한다. 그래도 잘 때 문은 다 닫고 자니까 습도는 의외로 줄어든 것 같다.

범위: 나름 에어컨이라고 찬 바람도 나온다. 에어컨 유효 범위는 전방 40cm정도이다. 그렇지만 왠지 프레온 가스가 얼굴로 분사될 것 같아 아무리 더워도 얼굴을 가져다 대고 싶지는 않았다.

총평가: ★☆☆☆☆(습도를 조금이라도 줄여줘서)

그 후 2017년 국방부 사업으로 전군 병사 생활관 및 교육기관에 에어컨을 설치하라는 지시로 새로운 에어컨으로 바꿔줬다. 어쨌든 14명 생활관인원이 사용하기에 작기는 했지만 그래도 나름 살 만했다.

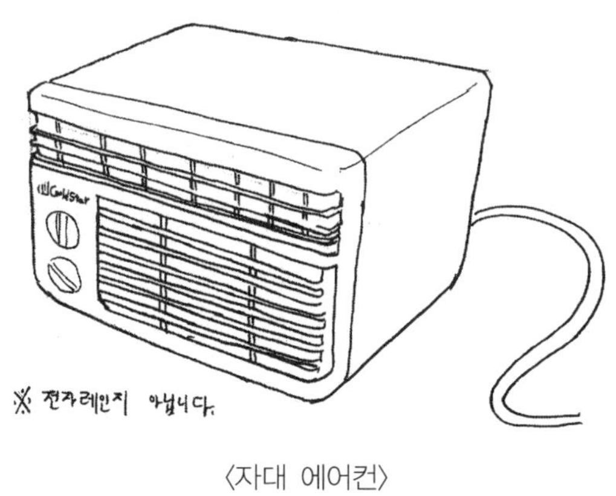

〈자대 에어컨〉

자대 유격편

유격 1일 차라서 아침에 바쁘게 움직였다.

9시쯤에 출발해서 10시30분쯤에 도착한 곳은 수도군단 예하 부대 안에 있는 유격장이었다. 도착하자마자 바로 훈련할 줄 알았는데 10시30분~12시까지 짐 풀고 누워서 쉬라길래 '아~ 유격 별거 없구나~'싶었다. 점심 먹고 나서, 13시 30분부터 유격체조 하러 올라가는데, 오르막길이 50° 이상인 것 같아 보였다. 아니면 벌써 유격훈련이 시작되고 있었던건가! 힘겹게 올라가니까 언론매체에서 본 빨간 모자 + 빨간 옷을 입은 조교들이 오와열을 맞추며 각 잡고 서있었다. 유격체조는 총 14개가 있는데 그중에 8번 체조가 제일 힘들다. 누워서 다리 90º로 들어 올리되 무릎을 굽히면 안 된다. 여기에 머리를 들어 올리고 팔을 좌우로 쫙 펴는 것이 준비 자세이고, 호루라기 소리에, 들어 올린 다리와 다리는 땅에 닿지 않게 한다. 머리는 반대 방향으로 움직이는 것을 반복한다. 복근 운동하는 셈치고 괜찮다고 생각했는데, 날씨가 너무 힘들었다. 누워서 머리를 들어 낭심 볼 때 해가 눈앞에 있어서 눈이 타들어가는 것 같았다. 유격체조가 대체적으로 괜찮은 운동인데, 화딱지 나는 이유는 여러 명(대대원이)이 마지막 구령을 해버리면 모두가 다시 해야 한다는 것이다. 예를 들어 조교나 교관이 3회 실시한다고 하면, 교육생들은 '3회!' 라고 복창한다. 그러면 조교나 교관은 얼른 다시 '2회' 라고 수정을 하는데 이때 뒤에 있는 교육생들은 잘 들리지 않아서 3회로 알고 있어서, 2회를 크게 말하게 된다. 원래는 마지막 구령은 붙이지 않는다.

이건 화가 나도 환경 때문에 어쩔 수 없어서 유격이 힘들다고

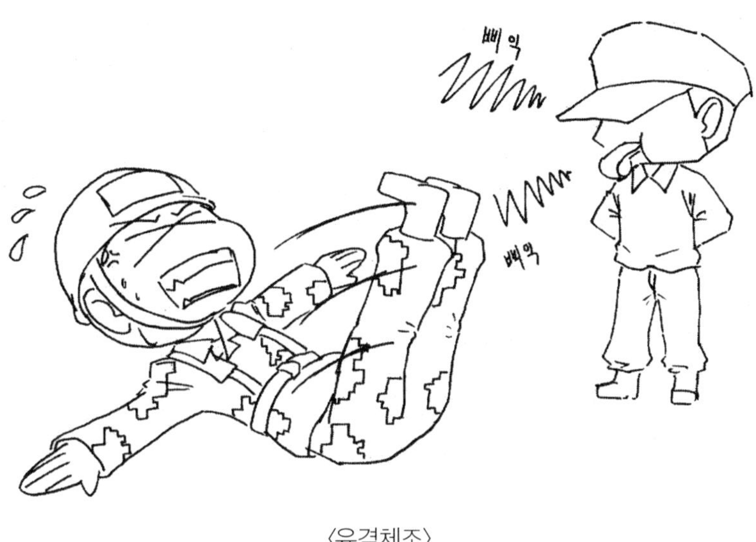

<유격체조>

말하는 것 같다. 이건 나중에 알게 된 사실인데 유격 때 시간표대로 체조하는 시간, 장애물통과 하는 시간이 정해져 있는데 만약 교관이 하라는 횟수대로 잘 말하면, 체조가 일찍 끝나게 되고, 그렇게 되면 시간표대로 안 맞아지기 때문에, 뒤에서 조교가 우리 교육생이 말하는 것처럼 몰래 자기들이 말을 해서 시간을 끈다고 한다. 그러면 교관은 얼씨구나 지화자 좋구나 싶은 마음으로, 다시 유격체조를 8번 시킨다. 더운 여름에 땀 엄청 흘리고 쉬라는 소리에 엄청 좋아서 시계를 보니 겨우 50분이 지났다.

체조를 1시간30분~2시간 정도하고, 장애물 통과하는 것으로 넘어가는데, 장애물 통과는 유격체조보다 훨씬 재밌다. 나는 몸을 쓰고 운동하는 것을 좋아해서, 신교대에서도 각개전투와 장애물 통과하는 것을 좋아했다. 장애물을 4개 하니 3시간이 훌쩍 지났다. 그래도 훈련인지라 힘들어서 열외하고 싶었지만, 일병 1호봉이라서 선임들 눈치 엄청 보느라 그럴 수는 없었다. 이 악물고 버틴 게 진짜 대단하다.

후임오면 할 일

① 바로 PX데려가기

② 빨래 돌리기

③ 짐 풀기

④ 토, 일요일날 오락실 또는 데리고 다니기

⑤ 모르는 것은 뭐든 물어 보라고 하기

⑥ 휴가, 외박, 외출, 눈치 보지 말고 다 말하라고 해서 알려 주기

⑦ 2주 대기 전까지 나한테 보고 하라고 해서 같이 다녀주기

⑧ 왠만하면 장기자랑 안 시키기

병장되어 돌아보니 이등병 때 썼던 이것들을 다 지키고 있었다. 필자가 생각해도 진심 멋지다.

미역국 장인

우리 부대에는 미역국 장인이 있다. 미역국을 담당하는 취사병이 누구인지 얼굴도 모르지만, 이 병사의 보직은 취사병이 아니라 '미역국 전문병'이라고 할 정도 신의 맛을 낸다. 원래 필자가 밥을 먹는 스타일은 국을 먼저 한 숟가락 맛을 본 후, 국의 맛을 판단한다. 또한 국에 밥을 말아서 먹지 않는다. 그러나 미역국이 나오는 날은, 믿고 그냥 밥을 말아서 먹는다. 이 미역국은 장인은 간장만으로 맛을 내는 것 같다. only 미역국인 경우에는 마늘밖에 보이지 않는다. 때로 닭고기 미역국, 소고기 미역국으로 다양한 조화를 부리곤 하는데 이때는 더욱 더 맛이 있다. 주변 동기들도 미역국이 나오는 날은 맛이 있다고 밥을 많이 먹기도 한다. 아마 미역국을 끓일 때 마약 한스푼을 넣는 것 같다. 전역을 한다면 미역국 장인의 미역국이 너무 그리울 것 같다.

그러나 카레와 짜장이 나오는 날은 정말 최악이다. 카레와 짜

장은 일반적으로 양파, 당근, 감자 등 있을 것은 똑같이 다 들어간다. 보통 엄마들 음식의 공통점은 건강을 위한다는 핑계로 맛이 없지만, 부대의 카레와 짜장은 더 더욱더 맛이 없다. '나도 카레와 짜장이오' 라고 대들듯이 들어갈 것은 다 들어가지만, 밥에 잘 비벼지지도 않는다. 뭐라 표현할 수 없이 그냥 맛이 없다. 왜 부대의 카레와 짜장이 맛이 없는지는 미스테리이다. 어쨌든 카레와 짜장이 나오는 날은 PX가 미어 터진다. 부대의 PX는 일반 가격의 30~50% 정도 저렴하기 때문에 반드시 먹어줘야 한다. PX에서 가장 핫한 음식은 냉동 치킨, 냉동 만두, 냉동 피자, 냉동 볶음밥인데 이중 단연 킹오브 킹은 냉동치킨이다. 냉동식품을 먹으려면 전자레인지에 데워야 한다. 특히 카레와 짜장이 나오는 날은 6. 25.때 피난민들이 배급받으려고 줄을 서듯 우글우글거린다. 렌지를 사용하기 위해서는 최소한 30분 정도 시간이 들지만, 그래도 카레나 짜장을 먹는 수고로움에 비하면 얼마든지 기다릴 수 있다.

한편 취사병 입장에서도 부대원들이 무엇을 잘 먹고, 무엇을 싫어하는 지를 알고 요리를 한다면 좋겠지만, 한달치 식단표가 사령부 별로 똑 같이 하달되어 내려오기 때문에, 마음대로 바꿔서 요리할 수는 없으니 이해는 된다.

나는 구리스(grease) 장인

야수교에 있을 때까지 운전병은 운전만하는 줄 알았다. 그러나 자대생활을 하다 보니 필자가 운전병인지 정비병인지 모를 정도로 어느 순간부터 차를 정비하는 임무를 하게 되었다. 하긴 운전병이니 자기 차 정도는 스스로 정비할 줄 아는 것은 당연하다는 생각도 든다.

앞에서 언급했다시피 도하대대는, 특성상 훈련이 아니면 차를 사용할 일이 많지 않아서, 훈련이 없는 평일은 정비와 영내 운전 교육만 한다.

도하대대는 차량이 엄청 크고, 많이 있어서 운전병들은 운전 이외의 별도의 차량정비 보직을 맡게 된다. 필자 부대 같은 경우엔 운전병이 따로 맡는 보직은 윈치팀, 오일팀, 허브팀이다.

윈치팀은 강에다가 다리를 만드는 교절을 차에서 분리시키는 역할을 하고, 오일팀은 차 밑으로 들어가서 모든 오일을 검사한다. 필자가 속해있는 허브팀은, 큰 바퀴 안에 있는 폐 구리스를 꺼내서 새 구리스로 채워 넣고, 브레이크 밟을 시에 바로 멈추는 지를 확인하는 등 바퀴쪽에 관련된 일을 담당한다.

운전병이 후임으로 오면 선임들은 '저 후임이 힘을 잘 쓸 것 같다' 싶으면 허브팀으로 유인하고, '보통이거나 오일팀에 사람이 없다' 싶으면 오일팀으로 데려간다.

필자는 허브팀으로 가게 됐는데, 타이어에 구리스 넣는 것과 베어링에 구리스 넣는 일을 한번 해보고 나서 '아 내 적성은 허브팀에서 타이어 빼는 것보다 구리스 채워 넣는 거구나' 싶어서 남들은 다 타이어 뺄 때 필자는 구리스만 만졌다. 구리스에 대한 인식이 지저분하고 더러워서 아무도 안 만졌는데, 필자는 힘든 타이어를 빼는 것보다 구리스 작업이 더 편했다.

구리스는 원래 이름은 그리스(grease)로 고체 기름이라고 생각하면 된다. 비닐 장갑이나 목장갑 껴도 벗겨져서 일과 끝나고 나면, 온 손이 전부 미끌거린다. 어떤 때에는 아예 맨손이 편하여서 맨손으로 하기도 하는데, 그 후에는 아무리 비누칠을 해도 미끌거리고, 특유의 냄새가 안 사라져서, 밥 먹을 때마다 내가 밥을 먹는 건지 구리스를 먹고 있는 건지 헷갈릴 정도였다.

처음에는 베어링에 구리스 집어넣는 과정이 40분 넘게 걸렸는데, 상병이 되니 20분으로 단축되고, 병장 때에는 어느 순간 5분 안에 해치우는 생활의 달인이 되어 있어서 필자도 엄청 놀랐다. 필자의 선임들과 동기들도 "어떻게 이걸 5분만에 끝내냐", "역시 구리스는 현우다", "구리스 장인" 이란 말들로 인정을 했다.

일병 때에는 사수 따라 다니면서 아무 생각 없이, 구리스를 맨손으로도 만졌는데, 점점 시간이 흐르고 구리스에 대한 경험이 많아지니까, 어떻게 하면 손에 구리스가 안 묻을까 고민하게 되었다. 생각 끝에 의료용 라텍스 장갑이면 구리스가 손으로 투과되지 않고, 밀착감이 좋아서 맨손처럼 잘 발라지지 않을까 싶어서 부모님께 택배로 보내달라고 했다.

결과적으로 라텍스 의료용 장갑은, 수송부에 혁명을 불러왔다. '구리스 장인'답게 어떻게 하면 효과적으로 일을 할 수 있을까 하는 고민과 열정이 부대에 새 바람을 일으킨 것이다. 지금 생각해도 나는 일에 대한 열정과 지성을 고루 갖춘 난 놈이다.

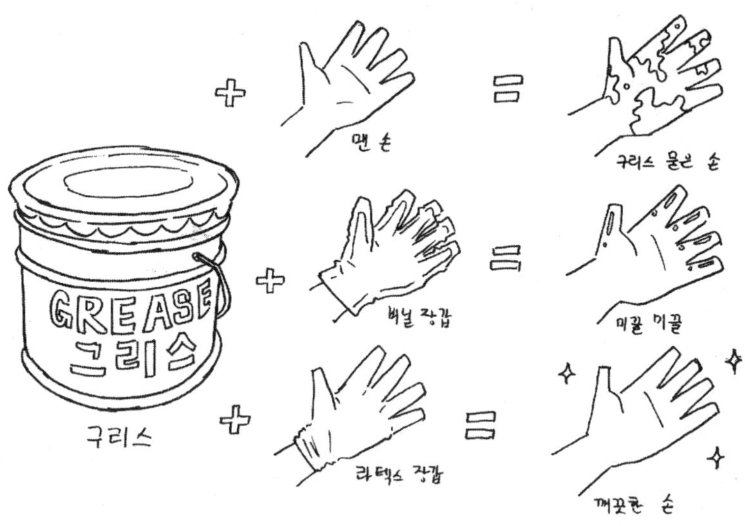

〈구리스 + 손의 변천사〉

군대의 레전드 투 라면 조리법

일반적으로 군대라면이라고 하면 라면봉지에 물을 넣는 일명 '뽀글이라면'으로 알려져 있다. 그러나, 환경 호르몬 때문인지 뽀글이 라면은 6. 25때나 먹던 방법이고 지금은 이 방법으로는 잘 먹지 않는다. 지금은 컵라면을 먹는다. 보통 군대에서는 라면을 한번에 두 개씩 먹는다. 입대 전에는 한 개씩 먹었는데 군대에 와서는 당연히 두 개씩 먹는 것을 보고 나 스스로도 놀랐다. 두 개를 요리하는 레시피는 다음과 같다.

① 국물없는 라면 2개를 준비한다.

② 물 붇고 4분을 기다린다.

③ 2개를 섞는다.

④ 맛있게 먹는다.

⑤ 먹다보면 한입만 달라는 선임들이 꼭 들어오니까 그전에 빨리 다 먹는다. 군대에서 선임이라는 존재는 몇몇을 제외하고는 결코 친해질 수 없는 존재이다.

공불 레시피

공화춘 짜장(섞어먹는 라면의 몸통이고 필수품이다)과 불닭 볶음면(라면은 먹고 싶은데 무슨 조합으로 먹어야 할지 모를 때 먹는, '맛있게 맵다'라는 의미의 불닭 볶음면을 선택하면 된다)을 합쳐서 '공불'이라고 부른다.

공라 레시피

공불을 하도 많이 먹어서 질릴 때에 먹는 '맛있게 달면서 매콤하다' 라는 의미로 라볶이를 넣으면 된다.

요리법은 공불과 비슷한데 불닭 볶음면 대신에 라볶이를 넣은 것이다.

공짬 라시피

공화춘 짜짱면에 간짬뽕을 섞어 조리한 것이다. 짜장과 짬뽕의 조합이 갑자기 땡길 때 먹는다, 개인적으로 맛이 짜다. 짜장과 짬뽕의 조합이 갑자기 당길 때 먹는다.

공빔 레시피

공화춘 짜장면에 팔도 비빔면을 섞어 요리한 것으로 달면서 매콤하고 독특한 맛이 있다.

치즈볶이 + 스파게티 레시피

섞어 라면을 먹다가 가끔 지겨워지면 치즈볶이 + 스파게티로 외식을 하기도 한다. 사실 치즈는 정말 개인적으로 좋아하는 아이템이지만 이렇게 먹다보면 퍽퍽하다. '퍽퍽하다'고 불만을 가지면서도 계속 땅기는 맛이다.

야외 훈련의 꽃, 짬밥

군대 식량의 꽃은 뭐니뭐니해도 훈련 중 야외에서 먹는 짬밥이다. 야외 훈련의 꽃은 얼마나 잘 먹는가에 달려 있다. 희한하게도 훈련 중에는 먹어도 먹어도 배고프고, 돌아서면 배가 고프다. 그래서 다들 밥을 엄청나게 먹는다. 부대 안에서는 밥을 많이 안 먹는 사람도, 훈련만 하면 엄청나게 밥을 먹는다. 그래서 '작전에 실패한 사람은 용서할 수 있어도, 배식에 실패한 사람은 용서할 수 없다.' 라는 명언이 나올 정도로 훈련 중에 배식은 진짜 중요하다. 맛다시 + 참치 or 햄 + 참기름 or 마요네즈 +그 날 반찬 = 맛있는 짬밥

똥라시

10월부터는 진짜 춥기 때문에 병사들은 다른 훈련보다 더 많이 먹어서 몸에 열을 내야 한다. 그래서 진짜 많이 먹는다. 훈련 중 야전 공병과 BEB운전병(보트운전병)은 많이 움직이지만, 사실 필자 보직인 운전병은 훈련 중에는 많이 움직이지 않아서, 훈련 중에는 '꿀 빤다'라고 하기도 한다. 그런데 입으로는 많이 먹는데, 추워서 몸은 많이 움직이지 않으니 자연스럽게 화장실을 자주 가게 된다. 훈련 중에는 하루 한번 이상 화장실에 다녀왔다. 정말 원초적으로 '먹고 싸는' 것이다. 그런데 훈련 중에는 야외이기 때문에 화장실 건물이 없다. 그래서 옛날 푸세식 화장실처럼, 땅을 깊게 파고 항아리를 묻고, 칸막이를 둘러 쳐서 간이 화장실을 만들어 사용한다.

엄청나게 많은 병사들이 엄청나게 먹고, 엄청나게 싸대니 항아리에 똥이 점점 올라온다. 푸세식 화장실의 앉은 자리가 똑 같은 방향이라서 항아리의 똥이 유독히 뒷쪽만 바벨탑처럼 쭉쭉 올라온다. 똥들이 사람들한테 그만 싸라고 도전하는 것처럼 끝도 없이 올라오기 시작하면 작업에 들어가야 한다.

바로 똥라시이다. 똥라시 = 똥 + 나라시.

나라시는 군대에서는 평탄화 작업을 뜻한다. 높게 올라온 곳을 긴 막대기로 쳐내서, 다른 곳과 평등하게 만들어 주는 작업이다. 이것을 할 때에는 어느 정도 비위 쌘 사람들도 한번쯤은 오바이트를 한다. 이게 끝이라면 얼마나 좋겠는가? 하지만 이것보다 더 심한 것은 바로 훈련이 끝나면 기다리고 있다.

끝나고 엄청나게 싼 항아리의 똥에 물을 뿌리고 저어야 하는 것이다. 이것을 왜하냐면 밥을 엄청 많이 먹기 때문에, 똥을 거의 하루에 한 번씩 싸게 되고, 똥을 많이 싸게 되면 항문이 붓기 때문에, 휴지로 닦으면 피가 날 수가 있다. 그래서 물티슈를 사용하게 되는데, 문제는 똥 묻은 물티슈를 휴지처럼 똥간에다 버려 버리기 때문이다. 훈련이 끝나면 똥차가 와서 우리가 싼 똥을 빨아들이는데, 똥차의 큰 빨대가 물티슈를 먹으면 '퀡캌켘켘캌쿨럭' 하는 소리와 동시에 물티슈를 뱉어 내기 때문에 항아리에다가 물을 붓고 젓는 것이다. 그렇게 하면, 딱딱했던 똥들이 진짜 카레처럼 변하기 시작한다. 마치 취사병들이 맛없는 카레를 큰 냄비에 만들 때, 젓는 것과 같은 기분이 든다. 더 소름 돋는 것은 지독한 똥 냄새라기 보다는 훈련 때 맨날 먹는, 맛다시(볶음 고추장)의 매콤하고 식욕을 돋구는 향기로운 음식냄새가 난다는 것이다. 똥을 저어본 사람으로써 '이건 똥이 아니고 음식이다'라고 암시해야 그나마 토가 덜 나온다. '이건 똥이야 '라고 생각하는 순간 되돌릴 수 없는 루비콘강을 건너게 되기 때문이다. 비흡연자도 똥 저을 때만큼은 흡연자들한테 담배를 빌려서 냄새 맡기도 한다. 그래도 똥은 똥이기 때문에 냄새가 전투복에 베이기는 하지만, 그래도 조금 지나면 사라진다.

〈똥라시가 되어가는 과정 1〉

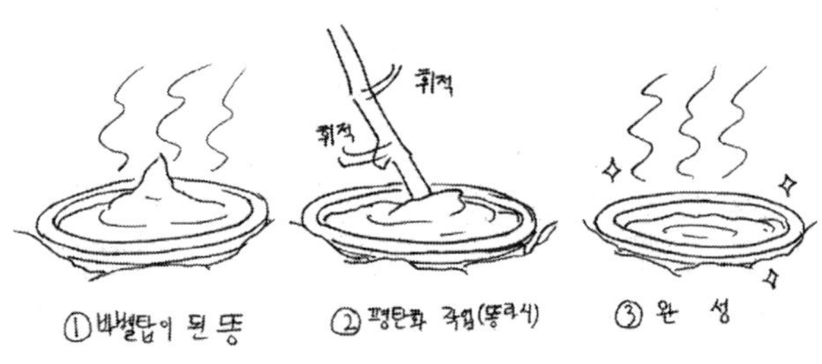

〈똥라시가 되어가는 과정 2〉

주식 공부

건강한 남자로써 국방의 의무를 다 하는 것은 당연한 의무지만, 도망칠 수 있다면 도망치고 싶은 것이 입대의 솔직한 심정일 것이다. 그러나 피할 수 없으면 즐기고, 어차피 남들도 다 같이 입대하니 기왕 군생활을 하는 것이라면, 어떻게 보내는 것이 유익하고 긍정적일까 고민을 하는 것이 정신건강에 좋다.

나는 지방에서 초·중·고와 대학을 다녔고, 무난하고 별탈없는 평화로운 시간을 보낸 것 같다. 그런 나에게 군대는 우물 밖의 큰 세상이었다. 전국 각 지역에서 올라온 동기들의 이야기를 듣는 것이 참 신기했다. '저 동기는, 지역이 저쪽이라서 그런 생각을 할 수 있겠구나' 등 의견 차이가 있어서 다투는 경우도 있었지만, 그것조차 나에게는 신선한 자극이었다. 그래서 가능하면 많은 여행을 하고 새로운 세계를 발견하라고 했던 말이 무슨 뜻인지를 군대에서 이해하게 되었다.

군대에서도 효율적으로 시간을 활용해보고자 프로그램 책을 가져왔는데, 공대의 특성상 프로그램을 짜려면 성능 좋은 컴퓨터가 있어야 하는데 군대 컴퓨터는 껐다 켜면 설치한 프로그램이 초기화되어서 사용할 수 없었다. 그래서 필자는 입대하기 전부터 제일 관심이 있었던 주식공부를 하기로 마음먹었다.

참고로 주식은 고3 때, 우연한 계기로 주식선생님을 만나면서부터 쭉 해왔다. 다행히도 중대 도서실에 주식 관련 책이 있어서 쉬는 시간만 생기면 계속 책만 읽고 필기하고 공부했다.

아침 먹고 오전 일과 시작하기까지 남는 시간과, 점심 먹고 오후 일과 시작하기까지, 가끔씩 개인 정비 때도 공부하고 22시 이후 취침시간에도 공부를 했다. 연등은 22시~24시까지 안자고 자기개발 할 수 있는 시간이다.

그때 공부한 내용 중에 진짜 유익했던 것은, 주식은 사회 현상과 밀접한 관계를 가지고 있다는 것이다. 예를 들어 경주에서 지진 났을 때, 보통 사람들 같은 경우에는 '사람들 많이 안다쳤나?', '경주 문화재 어찌돼나?', '우리나라도 지진에 안전하지 않다' 등 이런 말이 대부분 인데, 나는 바로 '지진 수혜주가 상한가 가겠구나'라는 생각을 했다. 지진 후 싸이버지식 정보방에서 지진 관련주들 검색해보니까 정말 엄청 급등해 있었다. 또, 북한이 핵 개발했을 당시에는, 군대가 비상 걸리는 것이 맞지만, 필자는 바로 방산주가 떠올랐다. 추가로 박근혜 전대통령이 탄핵됐을 때, 네이버 실시간 검색어 1위가 걸스데이의 여자대통령 노래였다. 그리고 나서 음원차트가 1위를 하니, 걸스데이 소속사인 드림티 엔터테인먼트는 몇 일 이내로 주식이 엄청 올랐다. 주식하지 않는 사람이라면 탄핵만 생각했을텐데 필자는 그 다음 단계도 예견할 수 있었다.

주식공부를 하면서 하나의 현상을 넘어, 어떻게 세상을 바라봐야 하는지 안목을 많이 키운 것 같다. 주식은 파도를 보는 것 보다, 파도를 일으키는 바람을 보는 것이다. 정치, 경제는 서로 유기적으로 연결되어 있으며, 특히 한국의 경제는 미국의 영향을 상당히 많이 받고 있다. 고3 때 배운 주식을 입문이라고 한다면, 군대에서 공부한 주식은 기초에서 중급 과정이라고 볼 정도로 혼자서 엄청난 것을 공부했다. 책으로만 공부하면 모르는 것이 많이 생기는데, 그럴 때마다 싸지방에 가서 검색함으로써 모르는 것을 다 확인했다.

동기들이 싸지방에 가서 동영상을 보거나 웹툰 볼 때, 필자는 주식을 연구했다. 다음은 필자가 군대에서 필기한 수첩의 내용들이다. 얼마큼 필기했는지 처음부터 복습하려고 펴봤는데 40장 이상이었다.

필자가 주식 공부한 내용을 말하는 이유는, 군대는 시간만 흐르는 곳이 아니라는 것이다. 그 시간 동안 흥미를 가지고 있는 분야가 있다면 얼마든지 본인의 노력에 의해 성장할 수 있다는 것이다.

다음은 군대에서 주식을 공부하면서 기록한 내용의 일부다.

차트 분석

① 과거에 주가의 고점과 저점은 얼마였나?
② 과거에 주가가 상승할 때 얼마의 기간 동안 올랐나?
③ 과거에 주가가 하락할 때 얼마의 기간 동안 내렸나?
④ 과거에 주가가 오르고 내리는 동안 거래량은 늘었나? 줄었나?
⑤ 과거에 주가가 오르고 내리는 동안 경제상황은 어떻게 움직였나?
⑥ 각각의 경제지표들과 주가와는 어떤 상관관계를 가지고 움직였나?

- 봉(캔들)의 몸통은 시가와 종가로 구성되며 봉의 꼬리는 고가와 저가로 구성된다.
- 양봉 몸통의 길이가 길면 길수록 매수세의 강도가 강한 것이다.

- 음봉 몸통의 길이가 길면 길수록 매도세의 강도가 강한 것이다.
- 몸통의 크기를 기준으로 판단해라! 꼬리보다 몸통의 크기!

양봉의 의미 주의: 양봉은 가격이 올랐을 때 그려진다고 생각하는 것이다. 그러나 전날에 비해 주가가 상승 또는 하락했다는 의미가 아니다. 아침에 시작한 가격보다 올랐다면 당일 중 주가가 떨어졌더라도 양봉이 그려지는 것이고, 아침에 시작한 가격보다 떨어졌다면 당일 중 주가가 올랐더라도 음봉이 그려지는 것이다.

이상은 군대에 있을 때 책을 통해 배운 것을 정리한 것이고, 나머지는 세력의 매집방법, 통정거래(세력이 개미에게 물량 떠넘기는 방법), 미국의 주식검색 등 책에 없는 것들을 스스로 배웠다. 본인이 무엇을 가장 배우고 싶어 하는가에 따라서, 알게 되는 지식의 범위 또한 달라진다. 꼭 하고 싶은 분야가 있다면 핑계대지 말고 시작하라는 것이 필자의 조언이다.

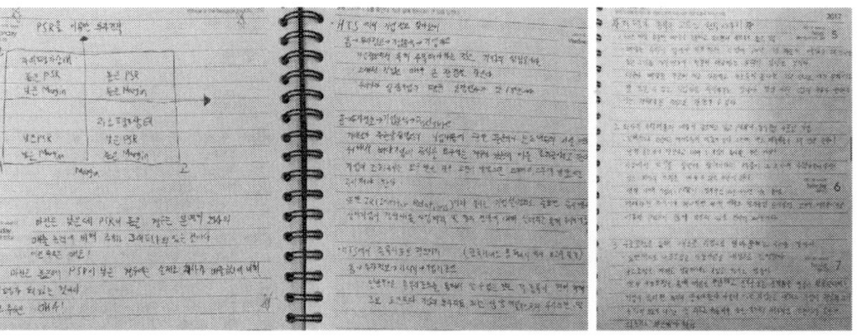

〈주식 공부할 때 기록한 노트〉

출타* 종류

정기 휴가: 군 복무기간 동안 누구나 주는 휴가로서 28일이 있다. 과거에는 1차, 2차, 3차 등으로 나눠져서 나갈 수 있는 날짜가 정해졌었는데, 현재는 한번에 28일을 줘서 이걸 자유롭게 나눠서 쓰라고 한다.

포상 휴가: 말만 붙이면 주는 것이 포상휴가라서, 일과를 열심히 하고 간부 눈에 띄기만 하면 받을 수 있으며, 누가 줬냐에 따라서 포상일수가 다르다. 포상휴가로는 체육대회, 특급전사 휴가, 명절프로그램, 독후감, 이발병, 예초병, 보일러병, 상벌점제도, 훈련포상, 간부포상, 군종병, 분대장 포상이 있다. 자세히 살펴보면 아래와 같다.

- 체육대회: 족구, 축구, 씨름 등 1등을 하면 참여자들 중에 포상을 준다
- 특급전사휴가: 사격, 윗몸일으키기, 팔굽혀펴기, 3km뜀걸음, 화생방, 구급법, 경계, 정신전력, 제식, 수류탄 자세 등으로 구성되어 있다. 시험 구성은 아래와 같다.

종목	사격	윗몸일으키기	팔굽혀펴기	3km뜀걸음	화생방, 구급법, 경계, 제식, 수류탄	정신전력
특급	부대마다 다름	2분/86개 이상	2분/72개 이상	12분 30초 이내	부대마다 다름	필기시험 90점 이상

* 참고로 출타는 부대마다 규정이 다 다르지만, 여기에 적는 것은 일반적인 기준이다.

- 명절프로그램: 쉬는 날 병사들 심심할까봐 부대에서 자체 시행하는 프로그램으로써, 윷놀이, 씨름, 노래나 댄스 경연대회 등으로 구성되어 있다. 여기에 적극 참여한 분대는 상점이나 포상을 받는다.
- 독후감: 과거에는 독후감포상이 있었으나, 일부 병사들이 사이버 지식 정보방에서 독후감을 표절하는 사례가 종종 적발되면서 사라졌다. 사람이 사는 곳에서 표절은 어디서나 어쩔 수 없는 문제인 것 같다.
- 이발병: 개인정비시간에 부대원들 머리를 잘라야 해서 개인정비시간이 많이 없으므로 고생했다고 주는 포상이다.
- 예초병, 보일러병: 시설 관리병으로 여름에는 예초병, 겨울에는 보일러병이 있다. 두 보직이 따로 있는 것이 아니라, 보통 전역시 까지 쭉 이어진다. 여름에 일찍 일어나서 해뜨기 전에 빨리 예초하고, 해가 뜨면 더워서 실내에서 휴식한다. 겨울에는 일정한 온도를 유지하기 위하여 보일러 돌려야 해서, 밤에 일하고 낮에 잔다. 일종의 우렁각시 역할이고 꿀보직이다.
- 상벌점 제도: 1시간에 1점으로 24점이면 외출, 48점이면 외박, 72점이면 2박3일을 나갈 수 있다. 열심히 일해서 1시간에 1점을 힘들게 버는데, 군기강에 문제 있게 행동할 경우, 최소 벌점이 –3점이다.
- 훈련포상 : 혹한기, 유격훈련, 호국훈련, 중대훈련, 대대 훈련 등 열심히 하면 받을 수 있다.
- 간부포상: 중대장포상(2박3일), 대대장포상(3박4일), 단장포

상(4박5일)이 있으며, 간부의 직급이 높을수록 포상기간이 길다.

- 군종병: 종교를 위해 열심히 일해 주는 병사에게 고생했다고 주는 포상이다. 필자가 보기에는 기독교 군종병이 다른 군종병에 비해 많이 받는다. 보통 4박 5일이다.
- 분대장포상: 분대장임기 끝나고 받는다. 대략 1달에 1일이라고 계산하면 되겠다.

과거에는 포상휴가가 열심히 일한 만큼 받아서 제한이 없었는데, 최근에는 포상휴가가 18일로 제한됐다. 그 이유는 모두에게 공평한 기회를 주기 위함이라고 한다.

신병위로 휴가: 신병위로 휴가라기도 하고, 100일 휴가라기도 한다. 과거에는 입대하고 100일 안으로 쓰라고 했는데, 현재는 날짜 제한이 없으나 부대에서 빨리 쓰라고 독촉한다. 3박 4일이며, 보통 3.4초라고 부른다. 참고로 부대마다 다 다르긴 하지만 100일 휴가 전에는 외출, 외박을 못하게 하는데, 필자 부대는 면회외박은 가능했다. 부모님이 오시면 주말에 나갈 수 있는 면회외박이 허락되었다.

정기 외출, 외박: 1년에는 3달씩 묶어서 총 4분기가 있는데, 분기마다 외출 2번, 외박 1번을 사용할 수 있다. 과거 필자의 부대는, 휴가 나가면 외출이나 외박을 못 사용해서 분기에 나가는 방법이 휴가 1회, 외출 1회, 외박 1회이었으나, 필자가 전역할 쯤에 1달에 1회 출타가 아닌, 2회 출타가 가능해져서 휴가 나간 후에도, 외출이나 외박 사용이 가능해졌다. 항상 전역할 쯤 돼어서야 모든 것이 좋아지는 듯 하다.

포상 외출, 외박: 포상 외출, 외박은 주로 상점을 통해서 얻을 수 있다.

분대 외출, 외박: 부대 행사 우승이나 중대장이 기분 좋을 때 가끔씩 뿌린다.

분대장이 중대장한테 분대원들이 너무 열심히 해서, 분대 화합단결을 위해 출타하고 싶다고 말하면 승인해준다. 이것도 포상개념이라서 정기출타를 사용했어도, 분대 출타가 가능하다. 참고로 정기출타를 먼저 사용해야 행정보급관님이 "또 나가냐?" 라는 말을 안 한다.

청원 휴가: 가족 결혼식이나 장례식, 또는 가족 중 위독하신 분 등 위급상황일 때 사용한다.

필자 부대는 웬만하면 본인 연가가 깎였는데, 상황이 딱하다고 판단되면, 지휘관의 승인에 의해서 본인 연가를 깍지 않고 보내주는 경우도 있다.

동원훈련

동원훈련은 전역한 예비역들이 군대에 와서 받는 훈련이다. 현역과 예비군이 함께 훈련하는 것이다. 예비군은 전역한 후 1년부터

8년차 까지를 의미한다. 이중 1년차부터 4년차 까지는 동원예비군으로 편성되어, 2박 3일간 해당 부대에서 동원훈련을 받게 된다. 이때 '우리 부대는 이렇게 한다'는 식으로 보여주는 것이다. 전시 상황이 되면 현역이랑 예비역이 함께 투입되서 임무를 맡아야 하기 때문에 같이 하는 것이라고 한다.

동원훈련 때문에 동기생활관을 쓰다가 분대건제 생활관으로 바뀌었다. 분대건제 생활관은 같은 분대끼리 사용하는 것으로, 현역과 예비역이 함께 임무를 수행하려면 이 시스템이 맞다고 생각된다. 9시까지 쉬다가 예비군 선배님들이 한 두 명씩 들어오니 분위기가 서먹서먹해졌다. (ㅇ_ㅇ) (⊙_⊙) (ㅇ_ㅇ)? 약간 이런 느낌이었다. 필자 생활관에는 총 3명의 예비군 선배님들이 배정되어 왔다.

첫날은 입소식하고, 점심 먹고, 오후엔 재롱잔치마냥 훈련하는 것을 보여주었다. 둘째 날에는 동원훈련이라서 6시에 기상했는데, 필자 분대가 식기내무 담당이어서 설거지와 배식을 했다. 아침 먹은 후 식기내무하고, 곧장 훈련하고, 점심 먹고 나서, 바로 식기내무하고, 다시 훈련하고, 저녁 먹고 난 후 또 식기내무를 했다. 사실, 훈련이 그렇게 힘든 것은 아닌데 쉬질 못하니까 몸이 많이 힘들었다. 23시쯤에 자기 전에 예비군 선배님들이 과자를 많이 사와서 당직사관님이 순찰하고 난 뒤 과자 먹고 잤다. 원래 내무반에서의 취식은 금지지만 예비역 선배님*들이 챙겨주셔서 고마웠다.

* 예비군 선배님이라고 쓰고, 실재로는 예비군 아저씨라고 부른다.

〈썰렁한 장면〉

전역자들을 위한 동원 훈련 팁

동원 훈련할 때에 본인이 근무했던 자대나 근처 현역부대로 신청하는 것이 좋다. 동원훈련 할 때 어느 부대에서 훈련할지 본인이 정하면 정하는 곳으로 배정되고, 그렇지 않으면 부대에서 통보해준다. 만약 본인이 먼저 정하지 않으면 현역부대가 아닌, 예비군 전용부대로 배치되어 그곳에서 훈련을 받게 된다. 현역부대와 예비군 전용부대의 차이점은 대우가 다르다. 현역부대는 조교가 간부라서 이것저것 유연하게 대처하고, 프로그램도 빡세지 않다. 반면에 예비군 전용부대는 예비군들 훈련전용이라서 병사들이 조교들이라고 한다.

현역병들에게 PX에서 맛있는 것을 사주는 걸 추천한다. 이것은 필수는 아니지만, 본인들도 동원훈련 때에 예비군아저씨들이 맛있는 것을 사주면 좋아하지 않았나 싶다. 그냥 기브앤 테이크라고 보면 된다.

빡빡이

육군병사 머리 규정은 30mm이다. 그러나 짬이 찰수록 머리는 길어지게 되며, 필자도 예외는 아니었다. 짬이 있는 계급일수록 머리는 옆, 뒤만 치고 윗머리는 자르지 않게 된다. 필자도 머리를 안 자르고 버티다가 대대에서 광역 단발령이 내려와서 상병 말에 머리를 자르게 되었다.

이발병한테 23mm노란색 탭을 끼고 밀어달라고 주문했는데, 23mm탭이 지금 이발소에 없고 중대에 있다고 했다. 중대까지 가지러 올라가기 귀찮아서 6mm로 밀까 생각하다가 이발병의 추천과 필자의 선택으로 3mm로 밀었다. 45mm의 긴 머리가, 빡빡이인 3mm가 되버렸다. 한순간에 머리가 1/10 이상이 짧아져서 주위 전우들의 시선을 받게 되었다.

길게 할 수 없다면, 애매하게 자르기보다, 한번에 짧게 밀어버리자는 마음과, 이때 아니면 언제 빡빡이 컷으로 해보겠는가라는 생각에서였다.

머리를 자르고 1시간 후에 생활관에서 TV를 보고 있는데, 당직사관님이 생활관 순찰을 돌다가 필자의 빡빡이 머리를 보고 '머리가 이게 뭐냐'고 상담하자고 불렀다. 3mm로 자르니까 행복했었는데, 이제 간부들과 행정보급관님한테 관심어린 사랑을 듬뿍 받게 될 앞날이 깜깜했다. 당직사관님이 무슨 일이 있냐고 물어봤다. 행정실에 있던 선임은 반항하는 거 아니냐고 물었다. 속으로는 '포상 안줘서 반항한다!!'라고 하고 싶었지만 그냥 더워서 밀었다고 했다. 이렇게라도 말을 안 하면 징!계! 받을 것 같다는 생각이 들었기 때문이다. 생각을 해보니까 병장을 달고 머리를 밀었어야 징계를 받더라도 상관없는데, 이러다 진급 누락하는 것이 아닌가 싶었다. 당직사관님이 머리 민 것에 대해서 중대장님한테 보고한다고 했다. 솔직히 보고한다고 해도 머리 자른 것에 대해서는 후회는 없는데 말이다.

그 후 근무 때문에 지휘통제실에 있는데, 어디선가 대대장님의 근엄한 목소리가 들렸다. 제발 필자가 있는 곳을 보지 않기를 빌었지만, 구석에 웬 빡빡이가 있으니 시선이 안갈 수가 없었나보다. 보시자마자 곧 바로 "머리를 왜 그렇게 잘랐냐?", "몇 중대냐?", "관등성명이 뭐냐?", "이발병이 누구냐?", "중대장이랑 행정보급관에게 반항하는 거냐?" 등등 취조를 당했다. 가장 심각한 말은 짧은 머리는 혐오감을 불러일으키기 때문에 징계사유가 된다고 하는 것이었다. 대대장님이 그냥 두지 않겠다고 말씀하시는데 온몸에서 땀이 나는 것 같았다. 참고로 우리 대대장님이 취임하시고 나서, 부대 경례 구호가 '사랑합니다'로 바뀌었다. 대대장님에게 "사랑합니다!" 라고 경례 하면 대대장님은 손가락으로 하트를 만들며 "나도~"라고 하시는 인간적인 지도자이신데, 화를 내시니 정말 무서웠다. 그러나 이미 자른 머리를 어찌하겠는가!

그래서 다음 날 부터 중대장님과 행정보급관님만 보면 도망 다녔는데 작은 막사라서 안 걸릴 수가 없었다.

바로 다음날에 필자가 지휘통제실에서 근무를 서고 있었는데, 누가 머리를 열심히 쓰다듬어서 뭐지 싶어서 반사된 화면을 봤는데, 바로 행정보급관님이셨다. 속으로 'X됐다'라는 생각에, 딱 암살자한테 살해당하는 느낌으로 가만히 있었다. 행정보급관님은 아무 말없이 나랑 눈 마주치면서 필자 머리를 쓱쓱 문지르면서 "왜 그랬냐?" 면서 인자한 웃음으로 물었다. 이상하게 웃으면서 물어보니까 더 살기가 감지되는 느낌이 들었다. 뒤에서 다른 간부가 "여기서 일하기 힘드냐?"고 묻길래 그런 것이 아니라고 솔직히 말했다. 23mm로 밀려고 했는데, 23mm탭이 이발소에 없고, 중대에 있어서 가지러 가기 귀찮아서 3mm로 밀었다고 하니까 "그럼 이발병이 잘못했네" 라고 하시 길래 "다 제 잘못입니다" 라고 말씀드렸다. 다음날 다시 이야기 하자고 웃으면서 말씀 하셨는데, 군대에서 선임한테 혼난 것 이상으로 식은땀 흘렸다. 그 후 빡빡이 일은 더 이상 문제 삼지 않으셨다.

삭발+관심TIP

머리 밀고 느낀 점은 부대에서 안좋은 일이 있거나, 부조리 하다라고 느껴지면 우선 머리를 밀어라. 그러면 주변사람들이 과도하게 관심을 가져준다.

〈부대 빡빡이〉

외부 미용사

필자 부대는 도심 쪽에 있어서 매주 마다 한번씩 외부 미용사가 온다.

이발병은 보통 소대별로 한 명씩 있지만 소대원들이 많아서 항상 머리 깎아 주느라 바쁘고, 개인정비를 할 시간이 없다. 그런데 외부 미용사들이 와서 도와준다면 큰 도움이 될 것이다. 한편 외부 미용사들은 미용학원생들로써 군인들을 대상으로 실습하는 것이다. 감성적으로 생각하면, 머리가 짧은 군인들을 상대로 실습하니 도움이 안 될 것 같지만, 이성적으로 보면 군인은 머리가 짧아서 실수하면 그냥 밀면 되고, 옆에 항상 미용 원장님이 같이 오셔서 도와주기 때문에 부담 없이 연습을 할 수 있다. 군인이나 외부 미용사나 서로 윈윈이다.

일단 외부 미용사가 오는 날은 다들 우르르 이발소로 직행하여 미용사가 이쁜지 아닌지 스캔한다. 남자들만 있는 곳에 우리 또래의 외부 민간인 여자 사람을 볼 수 있다는 것만 해도 행운인데, 이쁘다는 소문까지 들리면 그날 이발소 문턱은 반질반질 닳아서 푹 파이게 된다. 만약 평범한 그냥 미용사 사람이 올 경우에도 머리를 자를 때에는, 순수하게 머리만 자르는 병사인 것이다.

어찌되었든 외부 미용사는 하루 종일 머무르는데, 그날은 부대가 난리가 난다. 열심히 일해도 병장월급 20만원에 시급 700원도 안되게 나오는데 솔직히 누가 일을 열심히 하고 싶겠는가? 그러면 당연히 일과가 하기 싫어지고, 일과를 안 하려면 그만한 명분은 있어야 한다. 예를 들어 머리를 잘라야 해서 일과를 못하든가 등이다.

특히 오후 일과를 하기 싫어하기 때문에, 대부분이 오후에 머리를 자르기 위해 길게 줄을 서게 된다. 간부 입장에서는 짜증이 나겠지만, 병사입장에서는 하루 숨통이 트이는 선물같은 날이다.

특급전사

특급전사는 체력, 사격, 병기본, 정신전력에서 모두 특급을 받아야 하는 군대의 엘리트병을 의미한다. 체력은 3km뜀뛰기, 팔굽혀펴기, 윗몸일으키기로 구성되어 있고, 정신전력은 필기시험이고, 병기본은 구급법, 경계, 화생방, 각개전투로 이루어져 있다. 이중 병기본은 필기와 실기 두 개가 다 있다.

자대 오자마자 사격 훈련 집중 주이여서 사격에 온 힘을 다하여 쏘니, 신교대에서도 못한 특급 판정을 받았다. 특급 판정은 부대마다 규정은 다르나, 필자의 부대는 20발 중 12발 이상을 과녁에 맞춰야 한다. 군대 들어가기 전에 살을 10kg정도 빼고 입대하였으나, 홀쭉해진 상태에서 전력을 다해 뛰어본 적은 없었다. 그런데 3km 뜀뛰기(달리기)에서 11분 22초가 나왔다. 12분 30초 내에 들어와야 특급인데 11분 22초는 대단한 기록이었다. 선임들이 말하기를, 특급전사는 사격과 3km만 특급이 나오면 누워서 떡먹기라고 해서, '특급전사'에 반드시 도전해봐야겠다는 결심이 생겼다.

윗몸 일으키는 2분에 86개 이상이고, 팔굽혀 펴기는 2분에 72개 이상인데 이것 또한 열심히 연습하여 체력부분에서 전부 특급판정을 받았다. 병기본은 부대마다 다르나 각개전투, 화생방, 구급법은 쉽게 통과했는데, 경계가 외울 분량이 많아 연등까지 하면서 공부하여 통과하였다.

참고로 이때가 이병 4호봉~일병 1호봉일 때였다.

자대 배치를 받자마자 시험만 보면 특급이 나와서 선임들의 주요 대상 1위가 되어버렸다. 선임들의 눈엣가시가 된 이유는 단지 자기들은 특급을 딴 종목이 거의 없는데 왜 나만 특급이 많다는 것이었다. 이 말을 듣고 어이가 없었던 것이 그럼 본인도 열심히 해서 특급을 따면 그만인데, 노력도 하지 않았으면서 괜히 나한테 시비인가 라고 하고 싶었지만 이등병이라서 어떻게 그렇게 하지 않고, "죄송합니다 할 때마다 특급이 나올 줄은 몰랐습니다" 라고 은근히 자랑하면서 대답하니 아무 말도 못했다.

특급전사를 따기까지 3달 걸렸다.

특급전사가 되면 5박 6일 포상과 조기 진급, 그리고 특급전사 뱃지가 수여된다. 특급전사를 달성하자마자 선임들한테 욕을 한바가지 먹었다. 왜냐하면 필자 부대는 3개월 동기제이어서 초자랑 말자가 존재했는데, 필자가 조기 진급하면 선임보다 계급이 높아지기 때문이다.

후임이 어떻게 선임인 자기들 보다 계급이 높냐면서 엄청 못마땅해 해서, 같이 특급전사 딴 동기는 조기 진급을 포기했지만, 난 욕먹어도 조기 진급한다고 했다. 지금 욕먹는 것을 참고 조기 진급해야만, 병장 7호봉이 되기 때문이다. 7월 중순에 자대 배치 받고 10월쯤에 특급전사 달성하고, 12월에 특급전사 뱃지 수여식을 했다. 10월에 특급전사 달았는데, 왜 12월에 특급전사 뱃지를 주는지 이해가 안되었지만, 그래도 반짝거리는 특급전사 뱃지가 어디인가!

12월에 일병 4호봉이므로, 17년도 1월은 일병 5호봉이어야 하는데, 필자 부대는 조기진급하면 일병은 2계급 특진, 상병은 1계급 특진이 보장되어 있다. 그래서 필자는 일병 4호봉에서 바로 상병 1호봉이 되었다. 즉, 일병 5호봉(일꺽)을 건너 뛰었다. 지금 생각해도 육군계의 레전드라고 생각한다.

〈특급전사 뱃지〉

근무편

군대의 근무하면 가장 먼저 떠오르는 이미지는 완전 군장한 경계근무일 것이다. 그러나 군대의 근무는 다양하다. 다음은 군대의 근무형태이다.

경계 근무

말 그대로 적 또는 적으로 의심되는 자로 부터 군 시설물의 '경계'를 담당하는 근무이다.

우리가 티비에서 흔히 보는 총 들고 서있는 그 근무의 모습이다. 통상 2인 1조 내지, 3인 1조로 구성된다. 사수는 선임급이고, 부사수는 후임급으로 혼자 근무서는 일은 절대 없다. 필자는 후방부대라서 공포탄이 지급되었지만, 최전방이나 해안경계의 경우엔 실탄 경계근무를 선다. 근무를 서는 동안은 가만히 서서 전방주시만 하는 까닭에 크게 할 게 없다. 때문에 어떤 선임병이랑 근무를 서느냐는 부사수 짬의 병사들에겐 최대의 관심사 중 하나다. 사수가 착하고 얘기도 좀 통하는 선임이라면, 그 근무도 해 볼 만한 것이다. 어쨌든 실탄을 들고 경계를 서기 때문에 조심해야 한다.

경계 근무가 가장 힘든 이유는 야간에도 근무를 서야 한다는 점이다. 새벽 2시~3시 30분까지 근무라고 한다면, 통상 1시 30분에는 기상해서 근무 준비를 마쳐야 한다. 자고 있는 사람한테 '당신, 근무니까 일어나'라고 하면 누가 벌떡 일어나겠는가? 안 일어나려고 누워있는 사람을 계속 깨우는데 시간이 걸린다. 이제 막 눈을 떠 전투복으로 환복하려고 하지만, 생활관은 자고 있는 사람들 때문에 불이 꺼져 있어서, 앞이 안 보이는 상태로 전투복의 위치를 찾아서 갈아 입어야 한다. 또한, 장구류, 탄주머니, 수통 등을 찾고 방탄모를 착용하는 데도 시간이 소요된다. 그리고, 전투화를 신고 화장실 간 후, 행정실에서 잠겨있는 총 꺼내고, 포승줄이랑 대검 착용을 해야 한다. 총을 빼내서 소지했기 때문에 행정실 총기현황판에 체크하고 난 뒤, 당직사관한테 근무 갔다 온다고 보고 한다. 지휘통제실에서 초소까지 최소 10분 정도 떨어진 거리이기 때문에, 지휘통제실까지 10분 전에 도착해야 한다. 또한, 근무 후 생활관에 복귀하면 3시 45분쯤 되는데 근무로 잠이 깬 상태라서 바로 잠에 들지 못한다. 겨우 잠들고 나면, 6시 30분 기상이라 깊이 잘 수도 없어 몸이 고달프다.

그렇게 근무를 선 날은 항상 피곤해서 아침 먹고 오전 일과 시작하기 전까지, 약 40분 정도 자고, 점심 먹고 오후 일과 시작하기 전까지 또 쪽잠을 자게 된다.

불침번 근무

불침번의 주 임무는 취침 중 환자와 온도 파악, 습도 조절, 유동 병력 통제, 병영 부조리 감시 등이다. 역시 2인 1조로 근무에 임한다. 불침번 근무는 통상 20분 전에 일어나면 되고, 막사 내에서 근무하기 때문에 경계근무에 비하면 아주 양호한 근무가 되겠다.

상황 근무

오잉? 뭐지? 이런 근무도 있나? 싶을 것이다. 예를 들어, 경계근무자가 초소에서 근무 중, 거동 수상자(거수자)를 발견하고, 지휘통제실(지통실)에 상황을 알린다. 만약, 지휘 통제실에 무전을 때렸는데 받는 사람이 없다면 그 부대를 넘어서, 그 지역은 망하는 것이다. 그러니 상황 근무의 중요성을 이해하겠는가?

상위 부대나 하위 부대로부터 상황 보고를 받고, 중요한 내용일 경우 다시 상위 부대나, 하위 부대로 상황 전파를 하는 것이 상황병의 주 목적이다. 이 상황 근무는 각 중대에서 소대마다 한명씩 돌아간다. 경계 근무에 비하면 아주 꿀이 흐르는 근무다. 더운 여름에는 선풍기나 에어컨 바람 쐬고, 추운 겨울에는 히터를 쬐면서 근무를 서게 되는데 이 보다 좋을 소냐?

모니터 감시 근무

경계용 CCTV나 레이더를 운용 중인 부대라면 이 근무를 설 것이다. 감시용 모니터는 항시 사람이 들여다봐야 하므로 근무자가 자리를 비우면 안 된다. 모든 근무들 중에서 제일 꿀이 넘쳐 흐르는 근무이다. 다른 근무는 서서 하고, 해야 하는 일도 엄청 많은데, CCTV근무는 앉아서 하며, 아무 일도 안 터지면 2시간 동안 자아성찰의 시간을 갖게 된다. 모니터 감시 근무의 주 임무는, 주요시설을 보는 것과, 각 초소에서 들려오는 상황을 사령한테 보고하거나, 초소 온도 파악하는 것이다.

당직 근무

혹시나 군대 관련 영상에서 밤에 왼쪽 팔에 노란색 완장을 차고 다니는 사람을 본 적이 있을 것이다.

그 사람들이 바로 당직 근무자이다. 당직, 혹은 일직 이라고 부르기도 한다. 당직 근무자는 노란 완장에 그어진 빨간 줄의 갯수에 따라 그 격이 다르다.

한 줄은 당직분대장(당직부사관) : 당직사관 보좌임무(보통 분대장 또는 부분대장이 근무)

두 줄은 당직사관 : 중대 관리(중대장을 뺀 나머지 간부들)

세 줄은 당직부관 : 사령 보좌(각 중대의 소대마다 1명씩 뽑히는 병사들 또는 간부들)

네 줄은 당직 사령 : 대대/연대 관리(중대장이나 참모)

다섯 줄은 당직 단 사령 : 대대보다 더 큰 단 같은 경우, 단 사령이 존재한다.

병사가 서는 당직근무는 한 줄짜리 당직 부사관이다. 당직 부사관은 당직 사관을 도와서 야간 또는 휴일 병력 통제를 돕는다. 대다수의 병사들에게 있어서 이 당직 근무는 군 생활의 또 다른 전환점이다. 바야흐로 나도 이제 짬 좀 먹은 계층에 진입하는 것이며, 또한 조금만 더 참으면, 군생활의 끝이 슬슬 보일 시기가 되는 것이다. 분대장 또는 부분대장이 당직 근무를 선다.

여러 근무에 대해 알아봤다. 아마 이외에도 근무의 종류가 더 있겠지만 필자 지식으론 이것이 한계다.

뭐 앞에서 이 근무는 어떻고 저 근무는 어떻고 얘기했지만, 사실은 근무는 안 서는 것이 가장 좋다. 그것을 비번이라고 한다. 하지만 근무를 서야만 한다면, '내가 이 근무를 수행함'으로써 중대원들이 편하게 쉬고, 부모형제를 보호한다는 생각으로 참아라. 근무표는 통상 3일 전에 게시되므로, 짬이 안되면 반드시 확인하고, 또 내 사수가 누군지 알아서 미리 알려주는 센스 정도는 갖추도록 하자. 물론 원래는 본인이 직접 다 확인해야 한다. 그러나 인원이 적은 부대는 비번(근무 없음)이 없고 매일 근무가 있기도 하다.

〈경계근무 중〉

독립기념관, 전쟁기념관 방문 꿀팁

독립기념관

총 군대기간 21개월, 약 640일 중 총 28일 휴가는 필자가 생각하기엔 적다고 생각한다. 그래서 어디서 휴가가 나오는지 잘 알고 있으면 유익하다. 천안 독립기념관과 용산 전쟁기념관에 다녀오면 1일 휴가를 준다. 그런데 이것도 부대마다 다르다. 필자 부대는 독립기념관은 1일 휴가 주어지고, 전쟁기념관은 1일 외출을 주었다. 어떤 부대는 둘 중 하나만 1일 휴가를 주기도 한다. 일단 독립기념과과 전쟁기념관에 관한 팁을 주고자 한다. 둘 다 매주 월요일은 휴무이다.

어디를 가든지 휴가증과 핸드폰충전기는 필수품이다.

먼저, 천안 독립기념관부터 가는 법을 살펴보겠다. 수도권인 경우 지하철을 이용하는 방법이 있다. 1호선 지하철을 타면 천안역에 도착할 수 있다. 도착하면 역에서 나가는 곳은 좌우측이 있는데 여기서 좌측으로 나가야 한다. 만약 택시를 탄다면 약 15,000원 정도 비용이 들며 20분 안에 갈 수 있고, 그렇지 않다면 버스를 타야한다.

천안역에서 버스정류장 까지는 5분 정도 거리이며, 380번, 381번, 382번, 383번, 390번, 391번, 400번, 402번을 탑승하면 된다. 버스는 10분마다 운행하기 때문에 그리 오래 기다리지 않아도 되며, 도착시간은 약45분 정도이다. 독립기념관 주차장에 내리면 롯데리아 맞은편 건물에 독립기념관 종합 안내센터가 있다. 종합 안내센터와 독립기념관은 10분 정도 거리로 떨어져 있다.

컴퓨터로 실명 인증을 한 다음, 안내데스크에 가면 직원이 미션지, 미션답안지, 독립 기념관 리미티드 에디션 볼펜을 준다. 그러면 이제부터 미션 시작이다. 필자가 생각하기엔 미션답안지를 주는 이유는 휴가 나온 군인은 바쁜 존재이고, 사고회로가 천천히 흐르기 때문에, 배려해주는 차원에서 주는 것 같다.

위에서 핸드폰 충전기를 챙기라고 한 이유는 기념관에서 2시간 머물러야 하는데 보통 2시간 내에 미션이 완수되기 때문이다. 2시간 후 안내 데스크에 가서 미션지와 휴가증을 보여주면, 휴가증에 독립기념관 갔다는 도장을 찍어준다. 이것을 부대에 복귀한 후, 행정병에게 주면, 1일 휴가를 받을 수 있다.

〈독립기념관에서〉

군대에서는 왜 독립기념관을 갔다 오면, 하루 휴가를 포상으로 주는 것인가에 대해 생각해 보았다. 우리가 지금 편하게 누리고 있는 평화는, 선조들의 목숨을 건 독립운동 덕분이다. 선조들이 목숨을 바쳐 지킨 조국에 대한 애국심을 갖고, 군인으로써 나라를 지키라는 격려의 의미라고 생각한다. 역사를 잊은 민족에겐 미래란 없다.

전쟁기념관

지하철로 가면 전쟁기념관 바로 앞에 4, 6호선 삼각지역 11번 출구로 나오면 전쟁기념관이 있다. 지하철역 바로 옆이라서 교통편도 편하고, 도심 쪽이라 찾기도 어렵지 않다.

전쟁기념관도 독립기념관처럼 다녀왔다는 기록을 남겨야 한다. 입구 좌측에 있는 안내데스크에 가면 직원이 군인인 것을 알아차리고 안내데스크 위에 있는 종이에 자대, 계급, 이름, 현재 시간 등을 작성하도록 도와준다. 독립기념관은 2시간 안에 미션지를 가지고 도장도, 찍고 퀴즈도 맞춰야 했는데, 전쟁기념관은 요구 제한이 없어 자유롭게 돌아다니다가, 2시간 후에 다시 안내데스크에 가면 도장찍어주고 끝난다.

만약 부대가 전쟁기념관과 독립기념관 중 하나만 포상을 해준다고 한다면 전쟁기념관을 추천한다.

〈차량명 – 1/4t (레토나)

외진 보는 법 및 꿀팁

부대가 수도권 주변이라면, 외진신청 해서 군의관이 허락하면 무조건 분당에 있는 수도통합병원에 가게 된다. 수도통합병원은 국군수도병원 혹은 수통이라고도 한다. 보통 수도통합병원에 가게 되는 경우는 자대 군의관의 전문범위를 넘어서는 중대한 병이거나, 심도 있는 검사를 요할 때 자대 군의관이 외진을 허락해야만 갈 수 있다. 부대마다 외진가는 날짜는 보통 매 주마다 정해진 요일이 있다. 보통 외진신청은 의무실 →군의관 또는 의무병→ 중대 행정병으로 명단이 보내진다. 중대 행정병은 해당 병사에게 다시 외진 할지를 확인 한 뒤, 최종 외진이 결정된다. 참고로 큰 부대 같은 경우 사람도 많으면 환자도 많은 법이다.

만약 외진이 화요일이라면, 외진 갔다 돌아오면 복귀 시간은 16시 쯤이라서, 16시 전에 다음 주 외진을 미리 신청하면 99%확률로 갈 수 있다. 만약, 금요일쯤에 신청한다면 뼈가 부러지거나 팔다리가 잘리지 않는 이상, 다음 주에 못갈 확률이 99.9%이다. 사실 그런 중대한 상황에서는 바로 민간 병원에 데려간다. 외진을 신청하면 5일중 하루 일과를 안 하게 되기 때문에, 외진 신청자들 계급을 보면 상·병장들이 많은 이상 현상이 일어난다. 외진의 좋은 점은 무상치료도 받을 수 있지만, 수도병원 내에 있는 매점에서 피자랑 치킨을 사 먹을 수도 있다. 물론, 전자가 51%고, 후자가 49%이다. 맨날 부대에서 냉동치킨만 먹어서 진짜 오리지날 치킨이 먹고 싶은 때도 있는 것이다. 오리지날 치킨을 먹으려면 한 달에 한 번 있는 출타를 기다려야 하는데, 그것이 쉽지가 않다. 군대에서 한 달은 영겁의 세월이다. 매주마다 오리지널 치킨을 먹을 수 있는 곳이 바로 '수도병원'이다.

수도병원 갈 때의 준비물은 첫 번째가 지갑이고, 두 번째는 책이다.

지갑보다 지갑 안에 있는 카드로는 치킨을 결재해야 하고, 외진은 본인 혼자 가는 것이 아니라 보통 부대원이 같이 움직이기 때문에 여러 명의 진료가 끝나야만 갈 수 있으므로 책이 필요하다. 보통 8시 30분쯤 수도병원에 도착해서, 15시에 자대로 출발한다. 본인 진료가 끝나면 나머지 시간은 자유시간이라서 책을 읽거나, 피곤한 몸을 달래기 위해 잠을 자기도 한다.

진료 보는 방법

① 입구에 들어서면 오른쪽 카운터에 번호표 뽑는 기계가 있다.

② 번호표 뽑고 중앙에 인적사항을 적는 종이에 우측 상단에 초진, 외진 체크하고, 진료과, 부대, 이름, 육군, 인솔자 번호(모르면 행정보급관님 번호)를 적는다.

③ 중앙 안쪽에 번호표가 뜨면 가서 번호표랑 인적사항 종이를 준다. 번호를 정말 빨리 부르기 때문에 자기 번호 10개 안팎이면 반드시 카운터 근처에 있어야 한다. 만약 자기 번호가 지났을 경우 다시 번호표를 뽑고 기다려야 하는 불상사가 생길 수도 있다.

④ 진료받고 싶은 진료과에 가서 다시 번호표를 뽑는다. 특히, 정형외과는 수도병원의 꽃이라서 사람들이 엄청 모인다.

⑤ 진료 받은 후, 진료과 근처에 있는 PC에 군번 입력하고 간

단한 설문지를 작성하면 영수증이 나온다. 이 영수증을 뽑아야만 약을 받을 수 있다.

⑥ 병원에서 30분을 기다린다는 것은 의외로 힘들다. 이때 진료가 빨리 끝났으면 진료가 끝난 부대원들과 치킨먹으러 가면 된다.

⑦ 피자, 치킨도 점심시간에는 줄을 엄청 길게 선다. 심할 때에는 건물 밖 계단까지 줄 서기도 한다.

⑧ 약제과에 가서 이름이랑 군번을 관계자에게 말하고, 약을 받으면 외진 끝이다.

⑨ 복귀하면 의무실에 가서 외진 결과 기록종이를 작성하고, 다음 주에도 외진 가야 한다면, 사전예약을 하면 된다.

전역해서도 이해가 안되는 것 중 하나는, 수도병원은 상병신(상병, 병장)이 주로 온다는 것이다. 막내 후임들도 아프면 외진 가서 진단 받고 쉬어야 하는데, 선임들이 생각하기에 일과도 안하고 외진으로 도망간다고 생각하기에 아파도 참는 경우가 많기 때문일 것이라고 생각한다. 아픈 것도 서러운데, 아프기 때문에 선임에게 혼난다는 것은 말도 안되지만 엄연히 존재하는 사실이다. 병사들 입장에서는 후임들이 없어지면 일손이 딸리게 되므로, 선임이 일을 더 많이 해야 하기 때문에, 병원에 가는 후임을 좋게 볼 수가 없을 것이다. 그래서 수도병원에 가 보면 대부분 상·병장들이고, 이병이나 일병은 많지 않다. 그러나 비록 계급이 낮다 하더라도 군대에 온 이상 자기 몸은 자기가 관리해야 한다. 아무리 선임이 개X랄해도 아프다면 반드시 병원에 가라. 지휘관도 병사들을 모아서 하는 교육 중에 "아프면 보고 해라, 어떻게 하든지 조치 시켜준다" 는 이야기를 늘 한다. 군대에서 아파도 선임 눈치 보며 참는 자, 아무 표현 안하는 자는 어느 누구도 보호해 주지 않는다. 내 몸은 내가 지키는 것이다

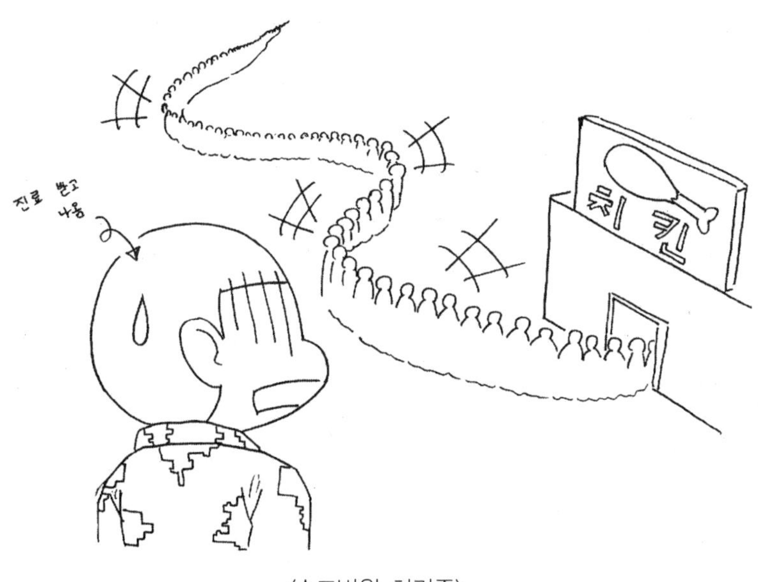

〈수도병원 치킨줄〉

엄마의 박사논문

어제와도 같은 평범한 일상인데 행정반에서 호출 연락이 왔다. 속으로 '잘못한 것이 있나?'라는 생각이 들었지만, 자칭 모범장병에게 '뭔일이 있어?'라는 생각으로 갔다. 행정반에 가 보니 책상위에 택배가 있었다. 보낸이가 엄마여서 반가운 마음에 택배를 열어봤다. 참고로 군대는 간부 앞에서 택배를 개봉해야 하는데, 그 이유가 군반입 금지 물건이 있는지 확인하기 위해서이다.

보내달라는 물품 이외에 검정색의 바탕에 금박 글자가 쓰여진 다른 물건이 눈에 띄었다. 엄마의 박사 논문 책이었다.

군입대 전부터 엄마가 박사 논문을 쓰시면서 많이 힘들어 하셨는데, 벌써 논문이 책으로 나와서 보내주신 것이다. 주변에 간부님들까지 다 오셔서 뭐냐고 물어보셔서 엄마가 쓴 박사 논문 책이라고 엄마 자랑을 좀했다. '일생이 고여 있는 물이고 싶지 않다'라고 말

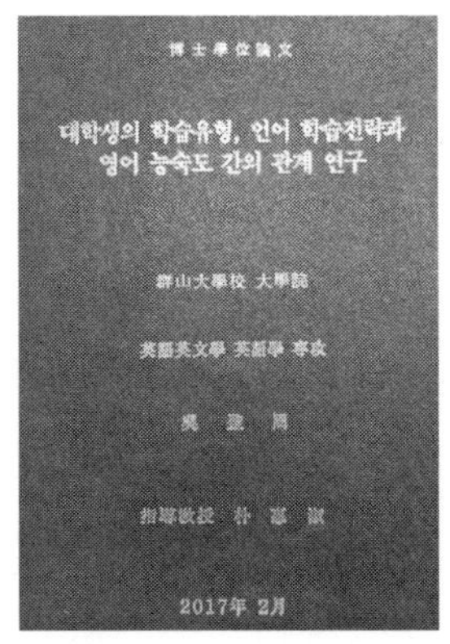

〈어머니의 박사 학위 논문〉

씀하셨던 엄마의 말도 떠올랐고, 내 엄마가 늘 깨어서 꿈을 이루고 있다는 사실이 고맙고, 자랑스럽고 뭔가 어깨가 으쓱해지는 느낌이 들었다. 부모님들이 자식 자랑할 때 이런 느낌인가 싶었다.

혹시나 해서 맨 '마지막 감사의 글'을 열어봤는데 역시나 우리들 이름이 선명히 인쇄돼 있었다. 엄마가 박사가 되기 전 항상 말씀 하셨던 것이 '너희들 이름을 넣을 것'이라고 하셨는데 그것이 현실이 된 것이다.

우리가 국방의 의무를 다하고 있을 때, 엄마는 엄마의 위치에서 최선을 다했다는 사실이 논문 책으로 증명되었다. 논문을 쓰는 일이, 진짜 힘든 일이라는 것을 옆에서 보는 것만 해도 아는데, 마음만 먹으면 못 해낼 일이 없다는 것을 엄마를 보고 깨달았다.

군대가 아무리 좋아졌다고 해도 군대는 군대다. 박사논문을 완성한 엄마를 보니 군대가 힘들어도 참고 잘 전역해야겠다는 생각이 들었다. 그러나 논문을 펼쳐봤는데 뭔 소리인지 몰라서 바로 덮었다. 중요한 것은 책에 내 이름이 있다는 것이다.

생활관으로 가져가서 일부러 잘 보이는 곳에다 두고, 동기들이 뭐냐고 물어 볼 때마다 박사논문이고, 우리 엄마는 대단한 사람이라고 엄청 자랑했다.

아래는 엄마 논문의 맨 뒷면에 인쇄된 감사의 글과, 첫 페이지의 서명이다.

공부하는 엄마이고, 논문을 쓰는 엄마인지라 고 3때, 대학 입학 때, 심지어 군대에 입대하는 시기조차 스스로 알아서 해야 했으나 오히려 논문이 완성되도록 큰힘과 용기를 주었던 두 아이들 현우와 도

형이에게 진심으로 고마움을 전하며 마지막 말을 남기고 싶습니다.

'Never, never, never give up'

– 논문 맨 뒤 감사의 글 중

이 박사 학위 논문을
세상을 살아가는
가장 큰 힘과 희망이 되어 온
내 아들, 현우에게

2017. 1. 6.
엄마 오영주

군대에 대해 느낀 점

사람들은 이렇게 말한다. “군대에 가면 뭐 얻는 것이라도 있냐?” 필자가 군대 생활하면서 느낀 점은 크게 4가지이다. 시간의 중요성, 협력, 잊지 못할 추억, 타인에게 의사전달하는 법이다.

첫째, 시간의 중요성이다. 전시에 1분 1초는 전우의 목숨이 왔다 갔다 할 정도 크고 귀한 시간이다. 만약, 전시에 제 때에 도착을 못하면 모두 다 죽을 수 있기 때문에 약속이나 시간은 반드시 지켜야 한다고 생각한다.

둘째, 협력이다. 군대는 집단으로 움직이기 때문에 개인의 역량보다는, 집단의 역량이 더 큰 효과를 발휘한다. 예를 들어 크고 무거운 나무를 옮긴다고 할 때에, 혼자서는 불가능하다. 또한 같이 들더라도 한명이 힘을 빼버리고, 하는 척만 한다면 나머지 사람들은 힘 뺀 사람의 몫까지 더 힘을 내야 한다. 그만큼 군대의 특성상 협력은 필승의 지름길이고 중요하다고 생각한다.

셋째, 잊지 못할 추억이다. 전역한 남자들은 오랫만에 친구들을 만나면 군대 얘기로 말을 편하게 시작한다. 그만큼 모두가 고생했다는 것을 다 인정하고, 서로의 경험을 들으면서 우정을 쌓는다. 군대에 있는 동안 ‘남자로 태어난 죄로 이 고생을 한다’ 라고 생각을 하지만, 군대는 사회와는 너무 다른 강력한 의리와 동지애, 전우애가 공존하는 곳이다.

넷째, 타인에게 의사 전달하는 법이다. 입대 전에는 누군가에게 지적질을 하거나 명령하는 것에 익숙치 않았으나, 군대에서는 이게 일상생활이라서 저절로 배워지고 계급에 맞게 자연스럽게 행동해진다. 후임이 평소에 잘못할 때 바로 일깨워 줘야 후임은 정확히 임무를 알게 되고 남은 군대 생활을 편하게 할 수 있다. 그러나 리더는 상대방에게 상처를 주지 않으면서도, 정확하게 자신의 의사를 전달해야 하는 것이다. 21개월 동안, 막내인 이병에서 자연스럽게 책임을 지는 병장이 되는 계급 속에서 의사전달법을 배우게 된 것 같다. 필자가 군 복무하면서 느낀 것은 크게 4가지인데 독자들은 군대를 통해 더 많이 알아갔으면 좋겠다.

네 번째 이야기

편 지

어머니로부터 온 편지

살면서 편지라는 걸 받아 볼일이 얼마나 있을까?

인터넷이 발달해서 SNS채팅으로 서로의 안부를 주고 받고 이야기하는 시대이기 때문에, 편지의 입지는 줄어드는 추세라고 본다. 필자도 입대하기 전 까지는 SNS채팅 또는 메일을 주로 사용했었다. 편지를 쓰고 받는다는 건 별로 생각을 안 해봤다는 의미이다. 그런데 SNS채팅은 기본으로 전자 기기가 있어야 한다는 전제인데, 군대에서는 전자기기를 사용할 수 없기 때문에 참 답답했다. 물론 이건 신병교육대 이야기다. 후반기 교육부터는 전화사용이 가능하고, 자대 배치 받은 후에는 전화, 편지, 컴퓨터, 심지어 면회도 가능하다. 군대에 있는 동안 세상이 어떻게 굴러가고 있는 지, 나만 정보에 뒤쳐지고 있지는 않는지 답답했다. 이때 엄마의 편지는 단비 같았다. 군대에 입대 전에도 엄마와 시사에 대한 이야기를 많이 나눴었는데, 군대에 있는 동안 단절될까봐 엄마는 세상 소식을 전해 주기도 하고, 용기를 가질 수 있는 편지도 써 보내주셨다. 책을 만들기 위해 엄마의 편지들을 다시 읽다가, 감사한 마음에 나도 모르게 눈물을 흘리기도 했다. 다음은 엄마의 편지 일부이다.

〈엄마가 보내주신 편지들〉

김영란법이란?

'김영란법'은 '부정청탁 및 금품 수수 금지에 관한 법률'을 제안자의 이름을 따라 부르는 말이다. 기존의 법으로 처벌하지 못하는 공직자들의 비리를 막기 위해 고안되었으며, 제안 후 거센 반발로 3년 가까이 표류했다. 그러나 세월호 참사 이후 부정부패를 척결해야 한다는 여론이 높아지자 새롭게 주목받아 2015년 3월 3일 국회를 통과했다.

국회통과 이후에도 김영란법을 둘러싸고 강한 찬반 논란이 일었다. 이 법으로 인해 식사대접, 명절 선물 등이 위축되어 내수경기를 위축시킬 수 있다는 반발과 '부패척결'이라는 법 취지를 지켜야 한다는 찬성 여론이 팽팽하게 맞섰다. 이를 반영하듯이 법 제정 후 시행령이 나오는데 보통 몇 개월이 걸리는 반면 국민권익위원회는 법 통과 이후 1년 2개월만인 2016년 5월 9일에야 시행령 안을 내놓았다.

이 법의 첫 제안자인 김영란 전 대법관은 대한미국 사법 사상 첫 여성 대법관이다, 대법관 임명 당시 16년 만의 40대 대법관이자 사법연수원 기수에 따른 연공서열을 10년 이상 뛰어넘은 파격인사로 화제가 됐다. 여성의 종중원 자격을 인정하고 호주제와 사형제에 반대하며 양심적 병역 거부자에 대한 대체복무제 도입에 찬성했다. 여성 등 사회적 약자와 소수자의 권리를 신장하려고 노력했다는 평가를 받는다.

김영란은 대법관 퇴임 당시 "퇴임 후 변호사 활동을 하지 않고 대법관 경험을 살려 사회에 환원할 수 있는 방법을 찾아보겠다"고 선언해 '전관예우' 관행이 만연한 법조계에 경종을 울리기도 했다.

그는 퇴임 이후 서강대 로스쿨 석좌교수로 강단에 섰다. 김영란은 국민권익위원회 위원장으로 재직하던 2012년 8월 이 법을 제안했고, 같은 해 남편인 강지원 변호사가 대선 출마를 선언하자 위원장 직을 사퇴했다. (강지원 변호사는 인권변호사 중 한명. 그 부인에 그 남편일세)

김영란법에서는 동일인으로부터 1회에 100만원 또는 매 회계연도에 300만원을 초과하는 금품을 받으면 직무와 관련이 있는지 여부와 관계없이 형사처벌(3년 이하의 징역이나 3천만원 이하의 벌금)하도록 했다.

식사기준 3만원, 선물 5만원, 경조사비 10만원. 국민권익위원회는 5월 9일 내놓은 시행령안에서 공직자 등이 직무와 관련있는 사람으로부터 3만원 이상이 넘는 식사대접을 받으면 과태료를 물게 된다. 단체를 식사대접을 받았을 경우 1인당 접대 비용을 n분의 1로 상한 여부를 따진다.

음!

김영란법이 국회를 통과하지 못했을 때 국회의원들을 욕했단다. 지네들이 합법적으로 뇌물받으려고 통과 안시킨 것이라고 생각했는데.... 사실 괜찮은 식당은 일인당 3만원이 훨씬 넘어. 그러다보니 문 닫는 가계가 속출하고 있다네. 명절 때 한우를 선물해도 20~50만원은 기본인데 자칫 경제가 위축될 수 있어.

반면 값싼 제품은 웃고 있어. 예를 들어 소금, 떡, 고유의 차, 미역같은 선물말이야.

동전의 양면인 것을 미쳐 생각못했네.

2016. 7. 31. 엄마(아들이 '엄마'라고 부를 때 가장 좋음)^^

무려 17명의 사상자를 낸 부산 해운대 교통사고의 가해자가 운전면허시험 결격사유인 '뇌전증'환자인 것으로 확인됐다.

경찰은 1일 해운대 교통사고의 가해차량 운전자인 김모씨가 뇌전증 병력이 있음을 확인했다. 김씨는 경찰에 "그가 당일 먹어야 할 약을 먹지 않았다. 사고 사실을 기억하지 못한다. 깨어보니 병원이었다"라고 말한 것으로 알려졌다.

뇌전증은 손상된 뇌신경세포의 불안정으로 인한 현상이다. 과거에는 '간질'로 불렸지만, 지난해 7월 보건복지부가 공식 용어를 '뇌전증'으로 변경한 바 있다.

뇌전증 발작시 환자는 경련과 의식장애가 일어난다. 때문에 운전면허시험 응시 결격사유인 질병이다. 하지만 환자가 직접 뇌전증 병력을 밝히지 않는 한 면허 취득을 막을 수 없으며, 운전면허를 획득한 후 발병했을시 면허 갱신을 막을 수 있는 규정도 없다.

한편 김씨가 몰던 푸조 차량은 앞서 지난 달 31일 오후 5시 16분경 시속 100km가 넘는 속도로 부산 해운대구 좌동 해운대문화회관 사거리를 질주했다. 김씨의 차량은 횡단보도를 건너던 보행자들과 근처를 운행하던 차량을 잇따라 덮쳤다.

휴.... 끔찍한 교통사고로 무려 17명이 사상을 입었는데 어이없게도 운전자는 간질환자였네.

간질환자가 대발작을 하면 아무데서나 거품을 물고 쓰러지는 것이고, 소발작을 하면 그냥 기절을 하는 것인데, 이 운전자는 소발작으로 자기가 무슨 짓을 했는지도 몰라 ㅜㅜ

그래서 앞으로는 운전면허 딸 때나 갱신할 때 간질도 검사할거래. 당연히 해야지. 운전은 나만 잘하면 되는게 아니라 꼭 방어 운전 해야 돼.

앞, 뒤, 옆 살피면서 걸어야 하고 신호등이 초록불이라 하더라도 살펴봐야 해. 신호등 걷는 중에도 죽었잖아.

아들아

운전대를 잡는 순간 항상 전방 주시하면서 조심, 또 조심해.

사랑해. 아들아~

2016. 8. 3. 엄마가

엄마의 기도

내가 나이 먹어도 강팍해 지지 않도록 해주소서.

나이 먹어도 대접받으려 하지 않고, 내가 먼저 너그럽고 인자한 미소를 보이게 하시고, 나의 얼굴에서 삶의 거친 흔적이 나타나지 않도록 깨끗이 지워주소서.

그리하여 많은 사람들이 나를 만나고 싶어 하고, 나와 만나면 평안을 느낄 수 있도록 나의 얼굴을 책임지게 해 주소서.

살아있는 동안 내 아들들에게 폐가 되지 않게 하소서.

아들은 '나'이지만, 나는 절대 '아들'이지 않도록,

도와주는 엄마로서 역할을 다 했다고 생각될 때, 그때는 잠을 자듯 편하게 거두어 가소서.

내가 간 후에도 지금처럼 아들들이 우애있게 하소서. 내가 더 이상 이 세상에 없더라도 아이들이 많이 슬퍼하지 않고 곧 일어나게 하시고 나의 단점, 미안했던 일들은 씻어 버리고 좋은 점만 기억하게 하소서. 나의 장례식은 검소하게 하고 내가 떠난 날은 꼭 온 가족이 만나서 식사를 하며 서로의 자녀들이 커가는 것을 보며 기뻐하게 하소서. 그리하면 죽어서도 정말 행복할 것입니다.

언제까지 일하고 수입이 계속될지 알 수 없으나, 내가 살아있는 동안, 지금의 후원을 꾸준히 이어갈 수 있도록 해 주소서. 꿈을 하나씩 이룰 때 마다 하나씩 늘려온 나의 꿈이자 후원 통장. 꿈 후원을 마지막까지 내 손으로 이어가게 건강 주소서. 그 꿈 통장은 어려울 때 나만을 위해 살아온 짐승 같은 삶이 아니라, 인간의 자부심을 붙들고 살게 한 힘인 것을 당신은 아시니...

내가 진정 아들에게 모범이 되는 엄마였다면, 나 없이 살아가는 동안 부딪칠 어려움과 고통속에 절대 포기하지 않게 하시고, 그 가정과 아이들을 소중히 여기며 존경받는 아버지, 남편의 모습으로 살게 하소서.

2016. 8. 10. 엄마가

지난해 9월 6일 박근혜 대통령은 분당 서울대병원과 국군수도 병원을 차례로 방문했다.

비무장지대(DMZ)에서 목함 지뢰가 터져 부상을 입은 하재헌 하사와 김정헌 하사가 입원해 있던 병원이었다. 당시는 발목을 절단한 하 하사가 민간병원에서 진료 받은 치료비를 자비로 부담해야 한다는 보도가 나온 직후였다. 정부를 성토하는 여론이 들끓자 박 대통령이 직접 나선 것이다.

박 대통령은 하재헌 하사의 손을 잡고는 "애국심으로 나라를 지키다가 이렇게 다쳤는데 병원 진료비 얘기가 나온다는 자체가 있을 수 없는 일이다. 국가가 이런 충성심 있는 장병들을 돌보지 않으면 아무도 나라에 충성과 헌신을 하지 않을 것"이라면서 "마땅히 국가가 끝까지 책임을 져야 당연하다"고 말했다.

박 대통령의 이 말은 얼마나 지켜지고 있을까?

한 어머니가 "제발 우리 아들을 도와 달라"며 눈물로 호소하고 있다. 유선미씨의 아들 형제인 육진훤(22), 육진솔씨(21)는 군 복무 중 난치병에 걸렸다. 그것도 군이 제대로 치료하지 않고 방치해서 CRPS(복합부위통증증후군)가 됐다. 설상가상으로 큰 아들은 항생제 부작용까지 와서 상상을 초월한 고통에 시달리고 있다.

CRPS의 통증은 얼마나 될까. 주사를 맞을 때 따끔한 정도가 3이라면 치통이 4.5, 출산의 고통이 7.5, 희귀난치성 질환으로 일상이 불가능할 정도의 극심한 고통이 8이다. 손발을 자를 때가 8~9인데, CRPS는 거의 10에 가깝다고 한다. 몸이 불에 타는 것과 같다고 하니 그야말로 극한의 통증이다. 워낙 아프기 때문에 자살을 시도한 사람이 15% 정도나 된다고 할 정도다.

지금까지 민간병원의 치료비만 수 천 만원에 달한다. 앞으로 들어가야 할 치료비도 상상을 초월한다.

20대 초반인 형제는 정상적인 생활도 어렵다. 어디를 가나 몸 속에 설치된 척추 자극기를 신경 써야 한다. 충전기가 들어 있는 가방을 들고 다녀야 하고, CRPS를 고치는 약이 나오기 전까지는 마약류로 버텨야 한다.

그런데도 군은 민간병원에서 치료받은 병원비 지급을 거부하고 있다. 한 마디로 우리는 모르니 가족이 알아서 내라는 식이다. 이런 적반하장도 없다. 형제는 국가의 부름을 받고 '국방의 의무'를 성실히 수행하다 부상을 당했다. 군은 사병들을 제때 치료하기는커녕 방치하면서 난치병으로 만들었다. 그런데 그 치료비까지 가족들이 내라니, 이게 국가가 국민에게 할 짓인가?

국가는 국민에게 국방의 의무를 다 하라고 요구한다. 그렇다면 신성한 국방의 의무를 수행하다 다친 사병에 대해서는 끝까지 책임지고 치료하는 것이 국가의 의무다. 좋다, 국방부가 치료비를 못 지불하겠다고 하면, 형제의 몸을 입대하기 전의 상태로 되돌려 놓아라.

국가에 대한 충성심은 강요하는 것이 아니다. 국민을 헌신짝 버리듯이 내팽개치는 국가라면 어느 누가 가슴에서 충성심이 우러나올 수 있겠는가. 어느 부모가 이런 군대에 아들을 보내주고 싶겠는가. 국가는 대답해 보라!!!

이 억울한 사연을 널리 알려서 국방부가 두 청년의 치료비를 책임질 수 있도록 도와주세요.

적극 '서명'에 동참해서 두 형제가 제대로 된 치료를 받을 수 있게 힘이 돼 주세요.

꼭 도와주십시오.

오늘 아고라에 서명한 내용이란다. 이러니 누가 국가에 충성하겠어??? 엄살이라도 피워 진작 큰병원에 가봤어야 하는가 보다.

아!! 항상 몸조심하고, 아프면 참지 말고 바로 병원가고, 상관에게 알리고 !!.

2016. 8. 24. 엄마가

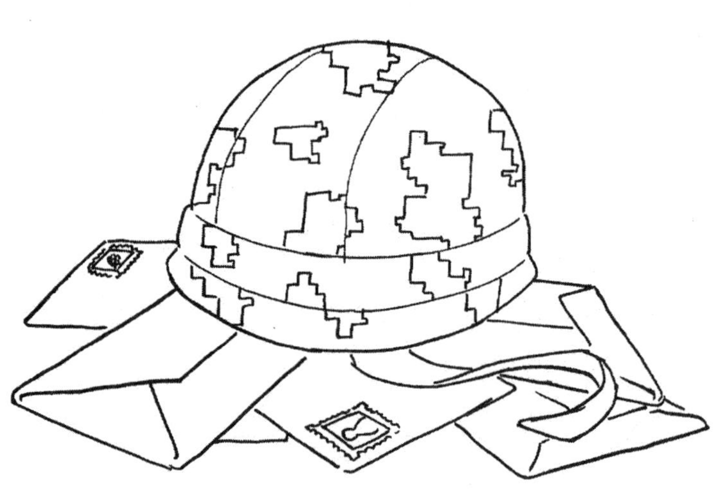

하하하 너무 웃겨서 ..

"귀하에게 120억원 유산" 이메일 보내 9천만원 뜯은 미국인 모녀

친척이 거액의 유산을 남겼다는 허위내용의 이메일을 러시아 교포에게 보낸 뒤 변호사 선임과 상속비용 등으로 9천여 만원을 뜯은 미국인 모녀가 경찰에 붙잡혔다. 부산 경찰청 국제범죄수사대는 25일 사기혐의로 A(67)씨와 딸 B(46)씨를 구속했다.

A모녀는 러시아 교포 3세인 김모(35. 여)씨에게 "친척이 120억원의 유산을 귀하에게 남겼다"는 이메일을 보낸 뒤 변호사 선임과 유산 공증 서류 비용 등의 명목으로 올해 3월부터 최근까지 16차례에 걸쳐 9천 700만원을 뜯어낸 혐의를 받고 있다.

A씨가 속한 국제 이메일 사기단은 이메일 내용에 감쪽같이 속은 김씨에게 거액의 유산을 상속받으려면 변호사 선임과 공증서류 비용 등이 필요하다며 돈을 요구했다. 이들은 허위로 만든 인증서나 영수증 자료를 보내 김씨를 안심시켰다. 하지만 이들의 계속되는 돈 요구를 의심한 김씨가 직접 미국영사관에 가서 공증서 영수증의 진위를 문의한 결과 거짓임이 알게 됐다.

경찰은 국제 이메일 사기단이 시중에 불법으로 유통되는 개인 정보를 입수해 이메일을 보낸 뒤 비슷한 수법으로 범행한 사례가 더 있을 것으로 보고 여죄를 수사하고 공범을 뒤쫓고 있다.

엄마한테도 이런 이메일 엄청 온단다.

아마 너도 받아 봤을 거야. 심지어 구글에서 로또 당첨되었다고

도 오고...

눈 감은 꽁돈이 생기면 얼마나 좋을까? 하늘에서 뚝! 하고 떨어지는 돈 말이야. 그럼 얼마나 기분이 째지게 좋을까?

그런데 내 것이 아닌 것을 먹으려고 한다면 체한단다.

내 것이 아닌 것은 절대 욕심을 내서는 안된단다.

2016. 8. 25. 엄마가

육군 특전사에서 또 10여 차례 '전기고문 가혹행위'

육군 특수전사령부, 줄여서 특전사에서 지난 2014년 전선을 입에 물리는 '전기고문' 사건이 터졌었죠. 그런데 이번에 특전사 모 부대에서 '전기고문'에 가까운 가혹 행위가 또 벌어졌습니다. 피해자가 몸을 떨고 소리를 질렀는데도 전기충격은 10여 차례나 가해졌습니다. 황재헌 기자가 단독 보도합니다.

인천 남동구 한 특전사 부대입니다.

지난해 4월 이 부대 소속 김 모 상병은 자대 배치된 지 얼마 안 된 김 모 일병에게 전기고문에 가까운 가혹행위를 했습니다. 일 처리가 미숙하다는 이유로 'TA-512K'라는 전투용 전화기의 전선 끝 부분을 양손으로 잡게 하고는 전류를 흘려보낸 것입니다.

김 일병이 몸을 부르르 떨기까지 했는데도 김 상병은 엄살 피우지 말라며 2번 더 전류를 통하게 했습니다.

김 상병과 또 다른 가해자 박 모 상병이 주도한 이런 전기 충격은 비슷한 방법으로 석달 동안 무려 12차례나 이뤄졌습니다.

피해자 김 일병은 그때마다 몸을 떨거나 소리를 질렀지만 신고를 할 순 없었습니다.

첫 전기 충격이 있은 지 약 반년 만에 수사에 들어간 군 검찰은 가해자 2명을 기소했고, 군사 법원은 지난 2월 각각 벌금 200만원과 70만원을 선고했습니다.

이런!!!

처음 당했을 때 제대로 대처 안하니 12번 까지 계속 당하는 거야.

한번 물로 보면 계속 괴롭히는 거야.

눈빛 독하게 기죽지마라.

군대에서 당하면 당한 새끼가 병X이라서 당했고, 당할 만해서 당했다는 말을 듣게 되니 당당하고 독해지고 꼭 견뎌야 한다.

2016. 8. 31. 엄마가

올림픽이 끝나고 언제나 장애인 올림픽을 한단다. 패럴림픽(paralympics)이라고 해.

이번에 브라질 리우 올림픽 후 패럴림픽을 하는데 이란의 라만 사만드(28)가 역도에서 300kg을 들었네!

엄마 요가 할 때 500g짜리도 겨우 들고, 그것도 30분만 드는데.... ㅜㅜ

한국의 김대규 선수는 육상에서 동메달을 받았어. 한국은 금 4개, 은 9개, 동 12개로 종합 24위야.

정상인들의 올림픽은 서로 앞 다투어 광고를 하고 스폰을 하지만, 장애인 올림픽은 그다지 관심이 없어;; 그래서 일본의 한 여자 선수는 패럴림픽에 나가려고 누드 사진을 찍었어. 야하지 않고 아름다웠어.

패럴림픽에서 우승해도 연금받아.

국제대회에서 우승하면 연금받는 거 알지? 물론 정상인보다 약간 작아. 정상인 올림픽이 약 100만원이고, 장애인올림픽은 90만원이야. 금메달 받을 경우.

불굴의 의지. 정말 대단하고 박수를 쳐 주고 싶은 의지의 인간들이지.

그런데 엄마가 하고 싶은 말은 우리나라 패럴림픽 선수들이 대부분 어디 출신인지 아니?????

다른 나라는 잘 모르지만 한국은 대부분 군에서 다친 사람이들이야 ㅜㅜ

무슨 이유에서든 군대에서 다친 사람들이 대부분의 선수층이라니 너무 무섭지 않니? 그래서 군대에서 어떻게든 살아남으란 것이야.

아프면 바로 병원가라고.

군대에서는 90%가 훈련을 받기 싫어서 꾀병을 부린다는구나. 지쳐버린 군의관이 아스피린만 처방해줬는데 하필 그 병사가 심각한 상황이어서 죽거나 평생 장애가 된 경우도 있어.

아들아.

어떻게든 견디고, 잘 지내다 와야 해.

너무 보고 싶고 그리워서 숨이 막혀 버릴 것만 같은데!!

2016. 9. 16. 평일같은 추석 연휴에 학교에서 엄마가

충남 닥터헬기

닥터헬기 운용사인 유아이 헬리제트 측은 최근 경찰에 헬기 수리에 25억원 이상 소요될 것이라는 내용의 견적서를 제출한 것으로 알려졌다. 또 헬기의 정확한 상태를 확인하기 위해 닥터헬기 제작사인 이탈리아 아구스타 웨스트랜드사와 함께 헬기를 분해해 정밀 검사에 들어갔는데, 일부 부품은 이탈리아 현지로 이송해 수리하거나 부품을 교체해야 할 정도인 것으로 나타났다. 유아이 헬리제트는 닥터헬기 파손에 대비해 보험에 가입한 만큼 이들은 보험회사로부터 헬기 수리 비용의 상당 부분에 대한 구상권 청구 소송을 당할 것으로 보인다.

충남도 관계자는 "헬기 운용사와 제작사 관계자들이 손상된 헬기 부품을 18가지로 분해해 점검하고 있다"며 "보험사가 닥터헬기 수리 비용을 지급한 뒤 헬기를 파손한 남성들에 대해 구상권을 청구하지 않겠느냐"고 말했다.

지난 1월 운항을 시작한 닥터헬기는 초음파진단기, 자동흉부압박장비, 정맥주입기, 기도흡인기, 혈액화학검사기, 심장효소검사기 등 응급장비 24종을 갖춰 '날아다니는 응급실'로 불린다.

이탈리아 아구스타 웨스트랜드사의 에이더블유(AW)-109 '그랜드 뉴'기종으로, 최대 이륙중량은 3175kg이며 6~8명을 태우고 시속 310km로 859km까지 비행할 수 있다.

결론 : 술은 곱게 마셔야 한단다. 25억이면 사람이 평생모아도 못 모으는 큰 돈이란다. 의사도 같이 끼었는데 무슨 생각으로 닥터 헬기에서 난장판을 피웠을까? 항상 술조심 + 술조심ㅋㅋ..

2016. 9. 18. 엄마가

사랑하는 큰아들에게!!

길은 건너가라 있고,
산은 올라가라 있고,
고난은 극복하라 있고,
꿈은 이루라 있고,
그리하여 끝내 웃으라고,
꿈이 있고,
지금의 힘든 시기는 잘 이기고,
극복하고,
끝내 웃으라고 있으니
잘 버티자.
내 큰아들아

2016. 10. 31. 엄마가

나라 사랑이라는 포털사이트야.

국방부에서 운영한다는 구나.

여기서도 학점을 따고, 공부도 할 수 있고, 국방부에서 추천하는 곳이래. 싸지방 갈 때 꼭 검색해봐

아들아

군대에 있을 때 나중에 무엇을 해야 하는지 준비하지 않으면 전역해서 정말 힘들 수 있어. 남자는 자신의 가족을 책임지는 사람이란다. 가장이 되어 한 가정을 이끌어 가려면 준비하지 않으면 안 된단다. 세상은 준비하지 않은 자들에게 지옥이란다.

니 세대는 더욱 힘이 들어. 인구수가 줄어서 더 많은 사회적 노인도 책임져야 하는 몫까지 포함되어 있으니...

꼭 검색해봐.

2016. 10. 31. 엄마.

사이다 ~~사이다 ~~사이다~~

단국대학교 익명 페이스북 게시판인 대나무 숲에서 "지독히도 괴롭히던 선임이 저희학과 13학번 후배였다"라는 글이 올라와 화제를 모으고 있다.

단국대 페이스북 대나무 숲에는 지난 2일 오후 5시에 "예대에 재학중인 11학번입니다. 1학년 마칠 무렵 집이 어려워져 군 입대를 했다"는 문장으로 시작한 사연이 올라왔다. 그는 "더 이상 학교를 다닐 수 없었던 상황이었기 때문에 누군가 '어디 학교를 나왔나'고 물으면 '고졸'이라고 답했다"고 전했다.

그러면서 "그런데 저를 지독히도 괴롭히던 선임이 있었다"고 했다. 그는 그 선임이 "고졸 ×××, 집도 가난하게 대학도 못가고 중국집 배달이나 하다가 사고 나서 30살에 죽을 운명' 이라고 폭언을 했다"고 전했다. 그리고 "전역할 무렵 부모님이 재기에 성공하셔서 복학하게 됐다"고 밝혔다.

그런데 반전이 일어났다. 그는 "근데 놀랍게도 저를 그렇게 지독히도 괴롭혔던 선임이 저희과 13학번 후배였네요!^^"라고 적었다. 해당 학생은 "2017년은 정말 행복하고 재밌는 한해가 될 것 같다"며 끝을 맺었다.

2017. 1. 4. 기사 중

사랑하는 아들아*

언젠가 엄마가 세상에 머리카락 한올도 남기고 싶지 않지만, 엄마의 책과, 논문을 남겨 주고 싶다고 말했던 것을 기억하니?

엄마가 두 가지 다 이뤘네 ^^

가장 먼저 아들 줄 논문에 사인했지^^

엄마는 말한 것은 어떻게 그렇게 다 이루는지 신기하다고 했던 거 기억나니?

놀면서 이룬 것 없고, 다 죽을 만큼 달려서 이룬 것임을 알고 있니?

어떤 힘든 과정을 거쳐서 엄마가 논문을 썼는지를 잘 알잖아.

그렇지만 엄마가 논문 쓴다고 잘해주지 못해서 미안해.

항상 엄마노릇 잘하지 못한 것 같아서 미안해.

엄마 아들로써 언제나 엄마에게 살아가는 큰 힘과 용기를 주었는데, 엄마는 아들에게 큰 도움이 안된 것 같아. 엄마의 길만 간 것 같아.

그래도 아들아.

엄마가 힘들어도 포기하지 않은 것을 보면서, 어쨌든 꿈을 이룬 것처럼 군대에서 힘든 일이 있어도 잘 견딜 수 있지?

죽을 만큼 힘들고 어려운 일이 있을 때에도, 절대 포기하지 않고 마지막까지 엄마를 보면서 견딜 수 있지?

아들아. 엄마에게 와 줘서 진심으로 고마워.

2017. 1. 6. 엄마가

* 이 편지는 논문과 함께 보내오신 편지입니다.

아들로부터 온 편지(어머니의 글)

군대에서 가장 기쁜 일 중 하나는 전화와 편지였습니다. 군대 생활관에서 아들이 '아들입니다. 전화주세요'라는 식으로 문자를 보냅니다. 문자를 받고 전화를 하면, 생활관 전화로 아들과 통화를 할 수 있어요. '아들입니다. 전화주세요'라는 문자가 얼마나 든든하고 반갑던지요. 또 다른 기쁨이 바로 아들의 편지를 읽는 것입니다.

전화로 오래 통화를 해서 인지 편지는 몇 통 안되지만, 손 가는 곳에 놓고 자주 읽어서인지 분실해서 두 통밖에 남아있지 않네요. 편지를 받을 때에 너무 소중하여, 조심스럽게 가위로 살짝 봉투 언저리를 오려내고, 내용물을 꺼내게 되는데, 슬프게도 너무 가볍고 작아서 다시 탈탈 털어 봅니다. 혹시나 풀에 붙어 나오지 않나 싶어서요. 그 귀하디 귀한 아들의 편지입니다.

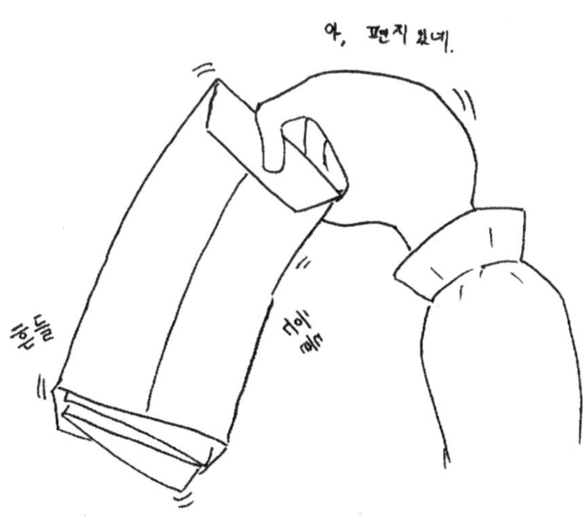

〈아들 편지 올 때마다 엄마가 봉투 들고 하시는 일〉

엄마에게

또 손 편지를 쓰네요. ㅋㅋㅋ

추석 때 쓰고, 이번이 두 번째인데 손 편지는 아직도 적응이 안돼네요. 요즘 군대는 병사들을 너무 잘 챙겨줘서 이런 것도 써요. ㅋㅋㅋ

맨날 전화해서 이런 저런 말을 하니까 딱히 쓸 말이 생각이 안나요.

'집 가고 싶다아아아아아아~'

차가운 생활관에서 잘 때마다 따뜻한 집에서 눈감으면 바로 잠오고, 눈뜨면 해 떠있는 풍경이 어제 같은데 ...

대한민국의 남자로 태어난 게 죄여. '빼에에엑'

군대는 사소한 것에 대한 소중함도 배우고, 별의별 것도 다 배우고 참 유익한 곳이에요.(편지 한 장 쓰는 것도 버거운데 이걸 두 장이나 쓰라고 하다니 가혹행위?)

길게 써야 빠꾸 안당하니 이번에도 애국심으로 애국가나 써야겠어요.

1. 동해물과 백두산이 마르고 닳도록
하느님이 보우하사 우리나라 만세~
무궁화 삼천리 화려 강산~
대한 사람 대한으로 길이 보전하세~

2. 남산위의 저 소나무 철갑을 두른 듯
바람서리 불변함은 우리 기상일세~

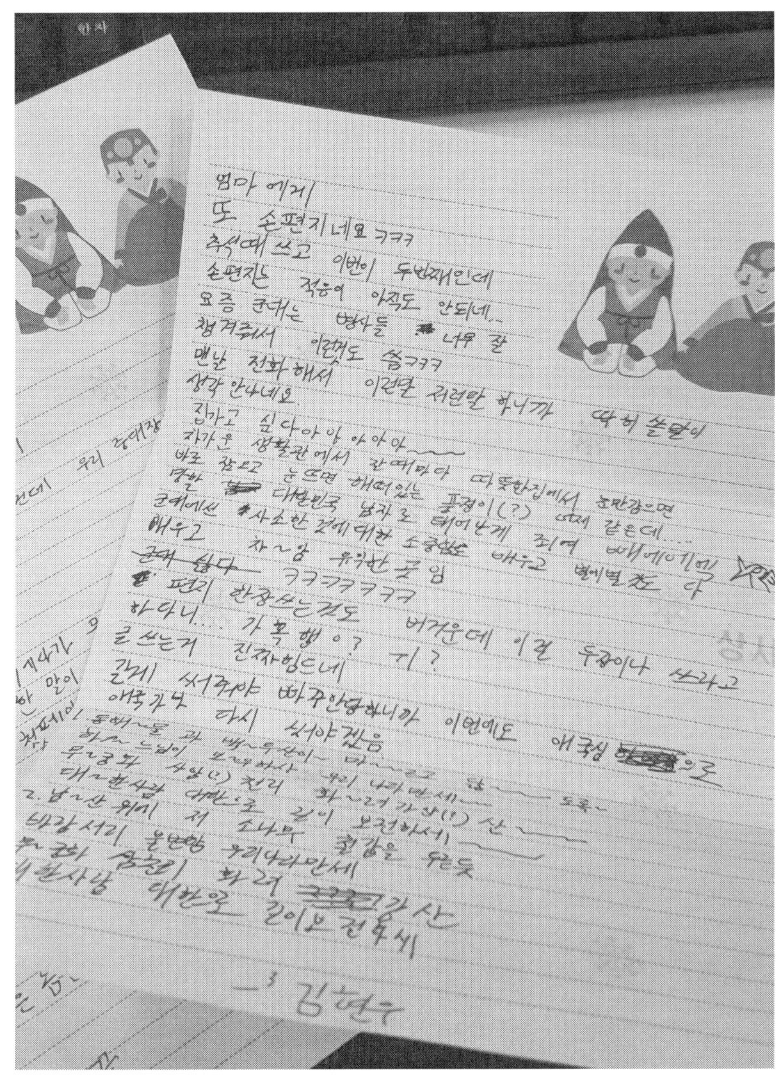
엄마 에게
또 손편지 네요 ㅋㅋㅋ
추석때 쓰고 이번이 두번째인데
손편지는 적응이 아직도 안되네..
요즘 군대는 병사들 너무 잘
챙겨줘서 이런것도 씀ㅋㅋㅋ
맨날 전화 해서 이런말 저런말 하니까 딱히 쓸말이
생각 안나네요
집가고 싶다아아아아아~~~
차가운 생활관에서 잘때마다 따뜻한집에서 눈만감으면
바로 잠오고 눈뜨면 해떠있는 풍경이(?) 어제 같은데....
역시 대한민국 남자로 태어난게 죄여 빼에에에엑
군에서는 사소한 것에 대한 소중함을 배우고 별에별것도 다
배우고 차~암 유익한 곳임
~~군대 싫다~~ ㅋㅋㅋㅋㅋㅋㅋ
편지 한장 쓰는것도 버거운데 이런 두장이나 쓰라고
하다니... 가혹했으? ㄱ?
글 쓰는거 진짜힘드네
길게 써줘야 빠꾸안당하니까 이번에도 애국심으로
애국가 다시 써야겠음
동해~물과 백~두산이~ 마~르고 닳~~ 도록~
하~느님이 보우하사 우리 나라 만세~
무궁화 삼천리 화~려강산 ~~
대~한사람 대한으로 길이 보전하세~
2. 남~산 위에 저 소나무 철갑을 두른듯
바람서리 불변함 우리나라만세
무궁화 삼천리 화려 강산
대한사람 대한으로 길이보전하세
-3 김현우

〈아들로부터 온 편지〉

무궁화 삼천리 화려 강산~

대한 사람 대한으로 길이 보전하세~

3. 가을하늘 공활한데 높고 구름없이

밝은 달은 우리가슴 일편단심일세~

무궁화 삼천리 화려 강산~

대한 사람 대한으로 길이 보전하세~

4. 이 기상과 이 맘으로 충성을 다하여

괴로우나 즐거우나 나라사랑하세~

무궁화 삼천리 화려 강산~

대한 사람 대한으로 길이 보전하세~

애국가만으로 드디어!

똥 싸면서 맨날 느끼는 건데 우리 중대장님 멋있고(말그대로 + 생각하는 것) 좋아요.

똥쌀 때 앉는 눈높이에다가 명언을 적어놓아요

'오늘은 365페이지 중 첫 번째 페이지다' (이때 날자 1. 1.)

2017. 1. 19. 김현우

엄마, 아빠

군대에서 추석기념 편지 쓰라기에 반 강제적으로 씁니다. ㅎㅎㅎ
그런데 할 말이 없습니다. 그러면 애국가!
동해물과 백두산이 마르고 닳도록
하느님이 보우하사 우리나라 만세~무궁화 삼천리 화려강산~
대한 사람 대한으로 길이 보전하세 ~
끝

2017. 9. 20. 지상 최강 큰 아들 현우

〈어머니와 함께 광화문에서〉

어머니가 부대밴드에 쓰신 글

아직도 아기 같고, 이름 부르기도 아까워 큰아들, 작은아들로 불리는 아들

군대에 가게 되어 좋다고 난리치고, 핸드폰 프로필 사진을 군대 영장으로 하고 다니던, 철없는 녀석이라 걱정을 많이 했는데 벌써 훈련병 수료식을 하고 멋진 신세대 군인으로 변해 있네요.

한번도 이렇게 길게 헤어진 적이 없어서 걱정이 많았는데, 다행히 잘 지내고 있네요. 밥도 맛있어서 많이 먹었다고 해요.

수료식 사진이에요. 엄마들은 아무리 단체로 있어도 자기 자식은 한 눈에 찾을 수 있는 재능을 타고 났지요. 역시 우리 아들이 가장 멋지네요^^

먼지 나는 운동장에서 부모님들을 위한 멋진 공연을 하고, 마지막에 운동장에서 큰절을 하는데 눈물이 조금 났습니다.

2016. 6. 12.

〈신교대 수료식 1〉

〈신교대 수료식 2, 왼쪽 필자, 오른쪽 쌍둥이 동생 김도형〉

〈신교대 수료식 3〉

〈신교대 수료식 4〉

드디어 아들이 무사히 전역을 했습니다.

긴 어두운 터널을 함께 빠져나온 느낌입니다. 부모자식간의 인연이 무엇인지 떨어져 있어도 아들이 아프거나 무슨 일이 있을 때마다, 기분이 좋지 않거나 나도 모르게 낮게 아들 이름을 부르며 눈물을 흘리곤 했는데 나중에 보니 신기하기도 했습니다.

큰 아들은 병장 7호봉

작은 아들은 상병 10호봉, 전역 하루 전 날 병장 1호봉으로 육군의 새 역사를 쓰고, 하지 말라는 전역복, 전역모 멋지게 맞추고!

껌금(검은 바탕에 금색 실)

껌은(검은 바탕에 은색 실)

하고 싶은 것은 해봐야 하는 신세대가 부럽기만 합니다. 제가 접한 20대의 군인들은 방패에 방독면, 투석모까지 갖춘 무서운 전투경찰이었습니다. 특히, 방패로 일사불란하게 아스팔트를 득득가는 소리는 공포였고, 방독마스크를 통해 들리는 목소리는 지옥의 소리 같았습니다.

이제 영화 1987처럼 지나간 이야기이지만 군대를 바라보는 제 시각도 많이 바뀌었습니다. 아직도 여드름 있는 앳된 얼굴의 아들은 입대를 옆 동네에 캠프가 듯이 '빨리 다녀오고 싶어요', '기대돼요'라고 했었습니다.

항상 곁에 있던 아들을 더 이상 안아볼 수 없다는 사실에 우울

증에 빠질 것 같았고, 아무것도 먹고 싶지도 않고, 웃는 것도 재미 있지 않아서 더욱 일만 했던 시기였습니다. 그렇게 쉬는 시간 없이 일을 하면서도 아들 생각에 눈물을 흘리던 제가, 이제 아들이 제대하니 환하게 웃고 있네요. 들어갈 때에는 귀엽고 날씬했는데, 얼마나 PX에 충성을 했는지 10kg는 더 쪘지만, 그래도 이쁘고 사랑스러운 아들입니다.

2018. 2. 3.

〈전역식 날〉

아무리 군대가 좋아졌다고는 하지만, 윤승주 일병의 경우와 같이 자대 배치 받고 나서 한 일은 오로지 죽을 때 까지 맞은 것 밖에 없는 안타까운 경우도 있고, 비에 떠 내려온 목함 지뢰로 인해 불구가 되는 경우도 있고, 제 아들보다 두 달 먼저 자대 배치받은 병사가 전방에서 가혹행위를 견디지 못하고 자살한 경우도 있어 아들 생각을 하면, 하루하루 숨 쉬는 것이 버겁다고 느낄 때도 있었습니다. 군대에서 가혹행위를 당하면 대부분 '당할 만한 분명한 이유가 있다'라고 하는 것을 너무 많이 들었습니다. 군대는 정말 좋은 선임, 후임으로 이뤄져야 하는데, 운이 나쁜 경우는 본인의 의지와는 달리 고통스런 생활이 될 수 있고, 그마저 군대에 억류되어 있으니 제한된 소식만 들을 수밖에 없다는 것입니다.

대한민국의 모든 어머니가 그러듯이 하루하루가 살얼음판을 지나는 듯, 아들 생각만 하면 가슴이 답답해지고, 숨이 막히는 기분이었습니다. 부모로써 그저 '건강한 상태로 군대에 보내니, 그대로 부모에게 반납해주면 된다'라는 단순한 소망뿐이었어요. 아들이 군대에 있는 시기는 부모도, 자식도 다 힘든 시기임은 분명합니다. 아들이 군대에 있는 동안 내 아들만 아들이 아니라, 대한민국의 62만 병사의 어머니가 되어 함께 걱정하고, 기뻐하고, 아파한 특별한 시기이기도 했습니다.

평상시 아들이 집에 있을 때에, 제가 만든 음식을 맛있게 먹으면, 옆에서 살포시 지켜보거나, TV를 보며 깔깔 웃을 때, 저는 TV가 아닌 아들의 웃는 모습을 바라볼 만큼 소중하고 귀한 아들이지만, 그것은 어디까지나 개인적인 이야기지, 군대에서는 62만 5천명 중 한 명일 뿐이라는 것을 잘 알고 있습니다.

감기에 걸리지 않았는지, 감기에 걸리면 바로 축농증으로 갈 수 있고, 편도가 일반인보다 배나 커서 바로 고열이 날 텐데, 아프면 바로 병원에 데려가는지, 못 먹는 생선이 많은데 혹시나 그 이유로 고생하지나 않는지 등 별별 걱정이 다 들었습니다. 우울해 질 때는 '아! 내가 아들을 낳은 죄인이구나' 하는 자책감까지 들었습니다.

그러나 첫 면회를 다녀온 후 많은 걱정이 사라졌습니다.

얼굴 맞대고 이야기 하면서 이야기의 소재가 고갈되면 간부님들, 행정보급관님, 심지어 대대장님까지 등장하는 것을 보며 '참 따뜻한 부대구나', '만약 전쟁이 나면 이 부대는, 병사는 간부들을 구하고, 간부들은 목숨 걸고 병사들을 구하겠구나'라는 믿음이 들었습니다. 자식들이 제대할 때 부대 밴드에 감사 인사를 남기는 부모들을 보며, 위에서부터 아래까지 맑은 물이 흐르는 부대라는 생각이 들었습니다.

부모가 없는 동안, 부대에서 자기 자식처럼 제 아들을 돌봐 주신 것에 대해 진심으로 감사합니다.

항상 건강하세요.

병장 김현우 모*

* 이 글은 필자가 전역 후 어머니가 군대 부대 밴드에 남기신 글을 정리한 것입니다.

다섯 번째 이야기

계 급

이(등)병

이등병 또는, 이등별이라고도 부른다. 이등병캠프 같은 곳에 가서 단장님이나 대대장님한테, '선임이 괴롭힌다'는 말 한마디나 '시설이 안 좋다'라고 하면 눈뜨자마자 다음날 바뀌는 대신, 선임들의 관심이 쏠리므로 함부로 자신의 생각을 나타내어서는 안 된다. 입대 날짜에 따라서 3개월 할 수도 있고, 4개월 할 수 도 있다.

예를 들어서 1월 1일에 들어오면, 이등병을 4개월 하게 되는 것이고, 1월 31일에 들어오면 이등병을 3개월 하는 것 이라고 보면 된다. 1, 2, 3, 4개월 동안 똑같이 이등병생활을 하기는 하지만, 1월 31일에 입대한 병사는 4월까지가 체감상 3개월이기 때문에 계급을 빨리 다는 셈이 되는 것이다.

자대에 배치 받고 나서 2주 동안에는 '2주 대기'라는 기간이 있어서, 맞선임에게 병영생활에 대한 여러 가지를 배우고 숙지하는 기간이다. 이때 적응을 잘 못하게 되면 배려병사가 되기도 한다. 보통 3주차쯤에는 사회에 있는 습관과, 부대습관이 혼동이 되어서 선임에게 열렬히 탈탈 털리게 된다. 여기서 흔히 말하는 S급과 폐급의 떡잎이 보이기 시작한다. S급이 되면 부대생활이 초반에는 힘이 들지만, 나중에는 편안해지고, 폐급이 되면 처음에는 쉽지만 나중에는 조금 많이 힘이 들어진다. 군대는 솔직히 자대 배치 받고 3주차까지가 진짜 중요하다.

일(등)병

일병: 일만하는 병X이라고 하며, 일과를 잘 모르기 때문에 일과보다는 청소하는 것을 좋아한다.

일병 1호봉: 계급 진급식을 할 때에 금메달을 받는 것 이상으로 심장이 떨린다. 정말 열심히 일할 때이다.

일병 2호봉: 부대파악이 어느 정도 된 시점으로 열심히 일할 때이다.

일병 3호봉: 부대파악이 끝난 시점으로 짬이 다 찬 줄 안다. 일을 시키면 열심히 한다.

일병 4호봉: 군춘기(군+사춘기)에 입문할 시기이다. 여기서부터 S급과 폐급길이 나눠지며 열심히 일할 때이다

일병 5호봉: '일병이 꺾어졌다' 라는 의미로 일꺾이라고 한다. 일명 폐급이 군춘기 들면, 자기가 말년 병장인듯 행사를 하며, 내일이면 곧 전역이라도 하는 듯이 행동하기도 한다. 보통 S급도 군춘기에 들지만, 자기 군생활을 위해서 열심히 일한다.

일병 6호봉: 폐급이라면 선임들한테 신나게 털리는 짬이고, S급이라면 지금까지 해왔던 공로를 인정받아 선임들의 신임이 두터워지는 짬이다. 일을 열심히 할 때이며, 군대 1차 슬럼프가 오는 시기이다.

일병 7호봉: 일병이 마지막이라는 의미로 일말이라고 한다. 선임들이랑 말장난이 허락되기도 한다. 이 때에 폐급이라면 하도 털려서, 자신의 위치를 깨닫게 되는 짬이기도 하다. 아직 군생활이 더 남았으니까 지금이라도 열심히 해야겠다는 생각이 드는 시기이다. 그러나 S급은 이제 실수해도 더 이상 욕먹지 않는다. 이제는 군생활이 폈다고 생각하면 되고, 보통 선임들도 이정도 짬이 되면 잡지 않는다.

상(등)병

상병: 상上병×이라고도 하며, 청소보다는 일과 하는 것을 좋아한다.

상병 1호봉: 드디어 상병에 들어왔다고 생각할 수 있으나, 실제로는 군생활 50%, 딱 반절했다. 여기서부터는 '해탈했다'라고 보면 된다. 자기 보직에 대해서는 이제 어느 정도 아는 짬이다.

상병 2호봉: 진심으로 해탈했다. 싸지방가서 군입대 계산기를 검색해봤자 55%도 안넘는다. 여기서 2차 슬럼프가 온다. '나는 누구?', '여기는 어디?' 라면서 자아 성찰의 시간을 갖게 된다.

상병 3호봉: 상병 3호봉이라는 의미로 쌍삼이라고 한다. 선임들이 터치를 안하고, 이제 선임과 동기 먹은 급으로 같이 놀게 된다.

상병 4호봉: 자기 보직에 대해서는 전문가가 된다. 이제 열심히 일하면 일한 만큼 인정받아서 포상을 받을 기회가 생긴다. 군생활 2/3 정도 했지만, 아직도 한참이나 남았다.

상병 5호봉: 상병이 꺾어졌다라는 의미로 상꺽이라고 한다. 이제는 일하는 것이 싫다. 부대 사정을 완벽하게 꿰고 있어서 어떻게든지 일과 안하고 도망갈 각만 찾게 되는 시기이다.

상병 6호봉: 상병 5호봉이 일과를 안하고 도망다닐 준비만 하는 단계라면, 상병 6호봉은 실행하는 단계이다. 보통 맞선임들은 전역하거나 말년이 되기 때문에, 이제 아무도 뭐라고 하는 사람이 없다.

상병 7호봉: 상병 마지막이라는 의미로 상말이라고 한다. 또는 병장 진급 전이라서 '병장(진)'이라고도 하지만 본인이 마치 병장인줄 알고 병장 행세를 한다. 진짜 자기가 군대 왕고인 줄 아는 착각 속에서 산다.

병장 

병장: 병×들의 머리라는 의미로 '병장'이라고 하며 군대를 싫어한다.

병장 1호봉: 갓병장이랑 말년 병장은 하늘과 땅 차이이다. 병장 달았다고 말년 병장 행세하다가 간부한테 걸려서 호되게 혼나거나, 심하면 얼차려나 징계를 먹기도 한다.

병장 2호봉: 이제 전역 준비하는 기간이라서 모든 것을 내려놓고 후임들이 잘못해도 너그럽게 대한다. 그러나 떨어지는 낙엽에도 조심해야 할 때이다. 보통 일과 시작하면 사라진다. 과거에 본인이 일병이었을 때 상병, 병장이었던 선임들이 일과 시작할 때 마다 사라져서 부럽기도 하고, 반드시 '나도 그래야지'라는 각오를 다짐했었다. 그러나 지금은 선진병영 등 부대가 급변하는 바람에, 숨어있으면 간부가 찾아내서 다시 일과 장소로 내려 보낸다. 본인이 생각하는 병장은 이게 아니라는 생각에, 가치관의 혼란이 생기기도 한다.

병장 3호봉: 벌써 병장 3호봉이다. 확실치는 않지만 전역하기 50일 전부터는 말년 병장으로 되어 있어서 사회에 나갈 준비 등을 하는 기간으로 알고 있는데, 이상하게 필자의 부대는 전역하기 50일 전에도 일과를 시켰다. 그래서 필자는 나쁜 부대에 속했다고 생각하고 전역하면 자대 방향으로 소변도 안보겠다고 결심했다.

말년: 이 사람은 이제 사람이 아니다. 인사를 안해도 되고, 없는 사람 취급을 해야 한다. 오히려 돌아다니다가 눈에 띄면 곧 전역한다고 한대씩 맞는다. 숨어 다녀야 한다. 무엇을 해도 간부도 인정한 계급이다. 관물대가 지저분 해도 되고, 일부러 벌점 먹고 다니는 부대 무법자이다. 필자도 전역하기 하루 전에 싸지방 시간 미준수로 벌점을 먹었다. 왜냐하면 벌점 먹어봤자 다음날 전역 하기 때문에 하고 싶은 것을 다 누리고 싶기 때문이다. 이 부분은 부대 관계자들이 절대 알아서는 안 된다.

여섯 번째 이야기

육군 부대 마크

부대 마크

일기장 권수가 한 두권씩 늘어나고, 군대에 있었던 시간이 점점 늘어날수록 쓸 말은 점점 사라진다. 99.9%가 군대는 처음이기 때문에 모든 게 신기하고 낯설어서 이 모든 것을 기록으로 남겼을 때에는 쓸 말이 많았었다. 그러나 일명 짬이 찰수록 일기장 제목에는 '오늘도 개꿀', '휴식' 등 이런 단어 밖에 안 보인다. 만약 일기장을 디지털로 문서화시켜서 단어를 검색해 본다면 80%가 위에서 언급한 단어들밖에 안 뜰 것 같다. 몸이 군대에 최적화되어 별로 신기한 감흥이 없는 것인지도 모르겠다.

군대 썰은 여기까지 하고 이번에는 다른 이야기로 넘어가겠다. 밖에 가끔씩 출타 나온 군인들을 볼 때마다 좌측 팔뚝에 보이는 마크가 무슨 마크인지 궁금해 하는 사람들이 많이 있을 것이다. 그래서 군대 마크에 대해서 설명하려고 한다. 마크는 전투복 상의와 야전상의(야상) 왼쪽 윗 팔뚝에 있으며, 오른쪽은 태극기가 있다.

우리나라 군 부대는 1952년부터 대부분 사단을 나타내는 마크를 사용한 것으로 알려져 있다. 부대 마크 또는 부대 표지는 각 부대별 군인들을 식별하기 위해 고안된 것으로 군단, 사단, 여단, 연단 등을 나타낸다. 병사들로 하여금 동질감과 자부심을 느끼게 하며 자신이 속한 부대가 혁혁한 공을 세웠다는 기분과 가치를 함께 공유하게 한다. 즉, 부대 마크는 부대를 상징하는 표시이며 각 부대 장병들의 자존심이라고 할 수 있다. 초기 부대 마크는 칼라였으나, 전시상태에 위장효과를 저해한다는 이유로 흑백으로 바뀌었다. 최근에는 신형디지털 전투복으로 바뀌면서 벨크로(찍찍이)를 오바로크하여 필요시 장착하거나 탈착할 수 있다.

부대 마크의 의미

색깔별 의미

빨간색

바른 뜻 : '숭고한 희생정신', '전투의지', '정열', ' 기세' 등

다른 뜻 : '고생', '작업하다 다친 피', '고생해서 생긴 출혈'

파란색

바른 뜻 : '순수한 애국정신', '청렴한 의미', '푸른 젊음', '기상' 등

다른 뜻 : '하도 빡세서 생긴 멍', '파랗게 질리다', '찬 밥' 등

노란색

바른 뜻 : '불굴의 정신', '숭고한 애국심' 등

다른 뜻 : '고름', '노랗게 바래다', '빡세서 얼굴이 노랗게 되다'

초록색

바른 뜻 : '푸른 기상', '젊은 기세', '기사도 정신', '힘' 등

다른 뜻 : '나무작업 또는 사방공사', '다른 멍의 형태'

하얀색

바른 뜻 : '순결한 애국심', '조국(대한민국)', '백의민족', '충성심' 등

다른 뜻 : '하얗게 질림', '백골', '제설작업'

형태별 의미

세모 : 전투형 의지로 돌진하는 기세, 뻗어가려는 기상.

원형 : 방패의 의미로 어느 방향에서 적이 와도 물리칠 수 있고, 360도 어디든지 뻗어나간다.

방패 : 어느 적도 막을 수 있는 불굴의 의지

아래에 부대 마크가 있기 때문에 본인에 해당하는 부대나 아니면 관심이 있는 부대가 어떤 의미를 가지고 있는지 확인해보자.

부대 마크 사진 및 설명

육·해·공군의 각 부대 수만큼 부대 마크가 있으나, 필자가 육군 출신이고 군단과 사단만 알고 있어서 이것에 한정하기로 한다.

제 1보병사단 (전진)

이 부대는 특이한 별명이 없다. 넘버원이라 그런지 그냥 전진이라고 부르는 듯하며 경기도 파주에 있다. 전진부대가 된 계기는 6.25때 계속 밀리다가 갑자기 각성 뿅! 하고 그대로 낙동강부터 풀 엑셀로 서울까지 올라가더니, 인천상륙작전 성공 후에는 미군들과 합체해서 2배 버프에 스테로이드 맞은 것처럼 그대로 평양까지 뚫어버렸기 때문이다. 이때 재밌는 이야기가 하나있는데 1사단에는 미군 기갑부대가 배속되어 있었기 때문에 항상 둘이 같이 다녔는데, 1사단 장병들은 '우리가 넘버원인데 딴 부대한테 입장권을 줄 순 없지!' 라고 하면서 미군 전차부대가 진군 후에 야간에 재정비 할 때에도 안 쉬고 닥치고 걸어서 평양까지 갔다는 얘기가 있다. 전차부대 특성상 재정비도 오래 걸리고, 궤도차량 자체가 장거리를 순항하려고 만든 것이 아니라서 항시 정비를 받아야 되므로, 토끼와 거북이마냥 한 쪽이 쉬고 있을 때에 닥치고 달려간 것이다. 물론 이후 평양에 들어갔을 때에는 미군 전차부대가 1사단 15연대를 위해 앞장서서 안전하게 들어갈 수 있게 에스코트를 해줬기 때문에 좋은 공생(?)관계로 마무리되었다고 한다. 그래서 1사단 15연대는 지금도 평양을 최초로 입성한 부대로 남아있다.

경례 구호는 "전진!"이다.

제 2보병사단 (노도)

성난 파도를 뜻 하는 노도가 상징인 부대이다. 공식적으로는 걍 성난 파도 부대이다. 물론 이 부대는 노도고 자시고 그 딴 건 안중에도 없고 '코리안 넘버원 산악사단' 이라는 것이 팩트이다. 하루에 산타고 다니는 거리만 보면 미군 경보병사단인 제10산악사단도 울고 갈 듯 싶을 정도라고 한다. '인제가면 언제 오나 원통해서 못 살겠다. 그래도 양구보단 나으리' 이 한국판 버뮤다 삼각지대 세 지점에 걸쳐 주둔하고 있기 때문에 도로도 개판이고, 산맥도 더럽게 많고, 인프라도 구축되어 있지 않아서 굉장히 육체적으로 힘들다고 한다. 이 부대가 진짜 얼마나 힘이 드냐면, 베트남 전쟁시절 때 노도부대를 진짜 산악사단으로 개편하려고 했다고도 한다. 지금 한국군에는 공식적으로는 산악사단이 없지만 노도부대와 노도부대를 안고 있는, 3군단 자체가 거의 국가공인 산악부대로 취급된다. 1, 3야전사를 통합해서 지상작전사령부(지작사)로 만든다는 계획도 있다고 한다. 즉, 지작사 직할대에 산악여단을 새로 창설한다고 하는데 굳이 창설할 필요 없이 노도부대를 끌어다가 지작사 직할 산악사단으로 만들면 되지 않나 싶을 정도이다. 물론 필자 개인 의견이다. 또한 여름에는 미친 듯이 덥고 겨울에는 미친 듯이 춥다고 한다.

경례구호는 "단결!"이다.

제 3보병사단 (백골)

진짜 사나이에 방영되면서 빡쎄면서도 멋있게 알려진 부대로, 국군의 날의 유래가 된 부대이기도 하다. 서북청년단이라는 우파극단 정치세력을 주축으로 창설한 부대라 투철한 반공의식과 해골바가지를 허벌나게 좋아하는 특성이 있다. '죽어 백골이 되어서라도 고향땅을 되찾겠다'는 의미로 백골을 그려 넣은 것에서 시작되어, 부대 건물 입구, 장갑차, 전차에도 해골바가지를 그려놓았다고 한다. 3개 연대의 강력한 전투의지를 표현하기 위해 백골과 3개의 별이 그려져 있어 이미지가 강렬하다.

연대비표와, 사단 수색대대안 연대 수색중대 상징에도 해골 들어가고, 음료수를 백골주라고 부르면서 원효대사의 해골물처럼 마신다고 한다. 하여튼 누가 보면 고고학자부대나 화학부대인가 싶을 정도이다. 이 부대의 가장 유명한 썰은 미술 전공하던 이병이 3사단 배치되어 오자, 새로 짓는 건물마다 페인트로 해골을 그리라고 시키길래 진짜 그것만 하다가 전역했다고 한다. 반공의식이 투철해서 그런지 여태까지 큰 사고도 거의 없었다고 한다. 대간첩작전에서 유일한 우수부대이며, 북한에게 6.25 이후 한번도 FEBA 뒤로 안 뚫렸던 부대인 만큼 전통이 있고, 투철하게 근무한다. 마크는 3개 연대의 강력한 전투의지를 표현했다. 참고로 북한 → 휴전선 → GP → GOP → FEBA(Forward Edge of Battle Area) 순서이다.

경례구호는 "백골!"이다.

제 5보병사단 (상승 열쇠)

일명 열쇠부대로 공식 별칭은 상승 열쇠부대이다. 부대의 상징도 열쇠로 통일의 열쇠가 되라는 의미이다. 열쇠모양은 5사단의 숫자 5에서 따왔다. 이 부대의 공식모토는 상승 열쇠지만, 전역하면 반 X신 돼서 돌아오니까 타고가라고 휠체어를 제공한다는 우스개스러운 썰도 있다. 위에 백골부대랑 같이 연천과 철원 쪽에 주둔하고 있어서, 아래에 설명할 청성부대와 같이 좌열쇠, 중청성, 우백골 중부전선 문지기 3인방이다. 신병교육대가 7성급 시설이다.

경례 구호는 "단결!"이다.

제 6보병사단 (청성)

여기는 한국전쟁 통틀어 가장 많은 업적을 쌓으신 청성부대로, 김일성이 남조선엔 6사단 하나밖에 없으니, 유격대를 보내서 부셔버리라고 했을 만큼 강한 부대이다. 150회가 넘는 전투에 참여했고, 대통령훈장을 16개나 받은 부대이며 전군 최초로 전체 동기제가 시행된 곳이기도 하다. 부대 상징은 파란색 육망성이다. 그런데 생긴 것만 보면 이스라엘군 마크와 비슷해서 이스라엘군이라고 부르기도 한다.

경례구호는 "필승!"에서 "청성!"이다.

제 7보병사단 (칠성)

7사단답게 푸른 배경 원에 일곱 개의 별, 칠성이 부대 상징이다. 고조선 치우 장군의 칼과 깃발에 등장했던 북두칠성처럼 모든 것의 중심이 되어 항상 승리하고, 우주의 곳곳을 관장하고 모든 악귀와 적을 물리친다는 철학적인 의미를 지녔다. 별이 7개의 공모양이라서 가끔 드래곤볼, 사이다, 칠성구 부대라고 부르기도 한다. 색깔이 파랑이라 다행이지 만약 주황색이었다면 손오공, 천진반 등 별말이 다 나왔을 듯하다. 마크의 의미는 어떤 적군도 무찌른다는 의미라고 한다. 칠성 부대는 1949년에 창설되어 한국전 당시 총 28회에 전투에 참가했으며, 2개 사단을 박살낸 전적이 있다고 하니 승리를 관장하는 명품 메이커 부대가 맞다.

경례구호는 "단결!"이다.

제 8기계화보병사단

이 부대의 상징은 얼마든지 쳐 맞아도 다시 일어난다는 오뚜기가 상징이다. '8' 자가 오뚜기처럼 보여서 숫자랑 연관있게 하려는 의도인 듯하다. 노란 8은 희열과 명랑을 나타내고, 빨간색 8은 충성과 정열을 의미한다. 이 부대는 기계화 보병사단이라서 장갑차타고 전투하는 보병이고, 최전방투입은 안 하지만 장비들 특성상 훈련이 많기로 유명하다. 구성은 기계화보병여단 2개, 기갑여단 1개, 포병여단으로 되어 있다. 이 부대도 여름에는 상당히 덥고, 겨울에는 상당히 추운지역이다. 육군 중 6번째로 기계화 보병사단으로 전환된 부대로 전방 예비 사단 중 강력한 타격력을 자랑하는 9개의 메이커 사단 중 하나이나 안타깝게도 2018년 기갑여단으로 개편되어 역사 속으로 사라지게 된다.

대한민국 최고의 식품기업인 오뚜기와 연관지어서, 이 부대로 자대 배치를 받으면 오뚜기 포천공장에 취업했다고 하기도 한다.

경례구호는 "돌격!"이다.

제 9보병사단 (백마)

귀여운 말 그림이 그려진 부대로 백마고지 전투를 나타내는 백마와, 희망과 평화의 의미로 청색바탕이다. 공식모토는 백마부대이고 1사단부터 이 9사단까지가 한국군 메이커부대로 불린다. 배경의 청색 바탕은 평화를, 백마 그림은 백마처럼 달려 나간다는 의미이다. 백마고지의 '백마'는 서북방에 위치한 고지로, 겨울에 눈 내린 고지를 하늘에서 내려다 본 모양이 하얀 말과 닮아 미군이 'white horse'라고 부른 것에서 유래했다는 설도 있다. 아무튼 상징이 엄숙해서인지 드립은 많지 않으며, 베트남 전쟁에서도 크게 활약을 했다.

경례 구호는 "백마!"이다.

수도기계화보병사단 (맹호)

그 유명한 맹호부대로 상징이 맹호이다. 수도사단이었다가 수도기계화보병사단(수기사)로 승격되어서 단대호 즉, 번호가 없는 부대이다. 단대호가 없는 군단은 수도군단 소속일 것이라고 생각하지만 제 7기동 군단 소속이다. 이 부대는 베트남 전 때 엄청나게 활약해서인지 쓸데없는 드립이 거의 없다. 물론 처음부터 기계화사단이라서 훈련이 아주 많아, 드립 따위는 신경 쓸 시간이 없었는지도 모른다. 대한민국에서 가장 먼저 기계화 편제를 갖춘 사단이다.

경례구호는 "맹호!"이다.

제 11기계화보병사단 (화랑)

화랑부대가 모토지만 기계화사단으로 개편된 이후부터는, 화랑이고 자시고 신경 안 쓰는 듯하다. 화랑들이 전차 타고 다니는 것이 웃기긴 한데, 하여튼 이 부대는 행군을 겁나게 많이 하는 걸로 유명하다. 그래서 이 부대 마크를 젓가락이라고 부르거나, 2열 종대로 행군하는 11사단 장병들의 모습을 상징화 시킨 것이라고도 한다. 또는 11이 1+1 이라면서 행군을 하도 많이 하니까 전투화 1켤레 더 주는 부대라는 썰도 있다. 하여튼 이제는 기계화보병사단(기보사단)으로 개편되서 행군을 많이 할 필요가 없다고 한다. 한때 제 1야전군 유일의 기계화 보병 사단이었다. 2018년 통폐합 예정이고 각 여단은 독립기관 연단으로 개편될 예정이다.

경례구호는 "화랑!"이다.

제 12보병사단 (을지)

옛날 만화영화인 그랑죠의 심볼과 비슷해서 그랑죠부대라고 부르기도 한다. 육군의 가장 높고 험준한 곳을 수호하는 사단이고, 1,293m향로봉 정상에 있으며, 동계 체감온도는 심하면 영하40℃이다. 사단 책임지역이 85% 산악지형이고, 1,000m 이상 고지가 49개나 된다.

경례구호는 "충성"이다.

제 15보병사단 (승리)

부대 마크의 붉은색 원은 태양과 사단의 용맹성을 의미하고, 푸른색 원은 평화를 상징하며 자유와 평화를 의미하고, 노란색 원은 달을 상징하며, 사단의 무궁한 번창을 의미한다. 그러나 계란 후라이나 양궁 과녁판, 무지개떡 같이 생겨서 무지개떡 부대라는 말도 돌고 있다. 어째서인지 하얀 부분은 상징이 따로 없다.

좌측의 제 5보병사단, 우측의 제 7보병사단과 함께 중부전선을 담당하는 최전방 부대로, 휴전선 정중앙에 위치해 있다. 부대가 주둔하는 강원도 철원군 및 화천군의 산악지형 특성상 산악전 부대로 분류된다고 한다. 그래서 포병도 산악포병이라는 희한한 별칭을 가지고 있다. 게다가 행군은 거의 산을 타는 게 당연시되며, 이 산을 중심으로 사단의 거의 모든 부대가 산 중턱 혹은 근처에 퍼져있다. 그래서 부대에 따라서는 산을 오르내려야만 밥을 먹거나, 눈을 치울 수 있는 곳도 많다고 한다. 현재는 DMZ 책임지역을 관리하고 1차적으로 적의 도발을 방어하는 최일선 부대이다.

경례구호는 "필승!"이다.

제 17보병사단 (번개)

상징은 방패에 번개와 검을 그려 놓은 것으로 상근예비역들이 가장 좋아하는 17시 칼퇴근 부대라고도 불린다. 부대 마크를 따서 '번개 부대'라고 한다.

수도군단 예하의 유일한 보병사단으로 역할이 좀 특이하다. 대한민국 육군 최대 규모의 보병사단이고, 전군에서 유일하게 상비사단, 동원사단, 향토사단 임무를 동시에 수행하고 있는 사단이다. 수도군단 소속이면서 인천을 비롯한 서남권 지역을 관할하고, 경기 서남부를 지키는 유일한 상비사단이다.

경례구호는 "충성!"이다.

제 20기계화보병사단 (결전)

빨간 다이아몬드는 공산주의자고, 그것을 옥죄는 4개의 파란 반구는 자유민주주의 국가를 상징하고, 화살표가 공산주의자를 애워싸 조진다는 의미라고 한다. 자일리톨 같이 생겨서 자일리톨 부대라거나, 방탄모를 쓴 병사 4명이서 박치기하는 모양이라는 드립도 있다.

남들 다 진격할 때에 혼자서 후방으로 빠져 있다가 재정비하여, 적절한 타이밍에 치고 올라와서 북한군 조져놓으려고 만들었기 때문에 라스트 펀치라고도 부른다.

경례구호는 단결, 충성을 거쳐 현재는 "결전!"이다.

제 21보병사단 (백두산)

부대 마크에 삐죽삐죽 솟은 세 봉우리는 백두산과 금강산, 한라산을 상징한다고 하며, 마크를 약간 기울여 보면 7이 세 개 겹쳐 있는 것처럼 보여서 7x3=21사단이라고 한다. 막사 뒤로 '삼면이 산이라서 산을 넘고 산을 넘으니 또 산이 나온다'라는 썰도 있도 있고, 민방위나 삼림청 부대라는 말도 있으나, 백두산에 깃발을 꽂는 다는 의미가 정설이다.

백두산 부대이지만 좀 더 노골적으로 백두삽 부대라고도 불린다. '백두삽'이란 별명과 함께 유명한 말이 "총칼은 녹슬어도 삽

날은 빛난다"이다. 이말 덕분에 민간인들 중엔 여기가 공병 부대인 줄 아는 이들도 있다. 다년간 복무를 마치고 전역을 하면, 삽과 낫은 신체의 일부가 되어 나온다. 예초기 몇 개가 할일을 병사 수십에서 수 백 명이 낫을 들고 제조하는 광경을 볼 수 있다고 한다. 여름엔 물골 나라시 작업으로 '인간 크레인'이 된다. 또한 진지 공사기간에 산에 돌 및 흙벽돌을 짊어져야 하는데, 생전 처음 지게도 져본다고 한다. 21세기 대한민국에서 조선시대를 경험하게 되는 곳이다. 사실 삽, 낫 이외에도 곡괭이, 오함마 등 다양한 연장 스킬을 찍게 되는데, 그중 삽과 낫 스킬은 만랩을 달성한다.

태백산맥 한가운데라 맨 날 산을 타야 되고, 북한군을 만나기도 전에 산만 쳐다 보다가, 일사병에 걸릴 수 있기 때문에 절대로 가면 안 된다는 우스갯소리도 있다. 또한, 지역 상권이 군인들에게 바가지 씌우는 경향이 있어 그다지 긍정적 소문은 들리지 않는다.

경례구호는 "충성!"이다.

제 22보병사단 (율곡)

율곡 선생의 고향과 같은 영동 지방을 책임지는 부대라는 이유와, 유비무환의 정신을 계승한다는 의미를 가지고 있다. 율곡으로는 2003년에 변경되었다. 부대 마크는 뇌종인데 마크만보면 콘돔이 떠올라서 콘돔부대라고 한다. 이 부대는 2014년 임병장 총기사건을 비롯하여 굵직한 사건사고가 많은 부대 중 하나이다. 해마다 선임병, 후임병이 바뀌질텐데도 끊임없이 비슷한 사건사고가 일어난다는 것은 도저히 이해불가이다. 그러나 태양의 후예 송중기가 복무한 부대이니 앞으로는 이미지 쇄신이 있을 것이라고 기대해본다.

경례구호는 "충성!"이다.

제 23보병사단 철벽

방패는 철벽방어와 완벽한 조국수호를 상징하고, 녹색은 태백산을 의미하며, 파랑은 동해바다이다. 부대 마크의 '23' 부분은 23사단을 상징하면서도 종유석 동굴이 많은 삼척에 위치한 부대 특성을 나타냈다. 23을 달아 놓은 것이라서 단출해서인지 드립도 많지 않다. 다만 경례구호가 굉장히 특이한데 '충성! 찾고 잡자!' 이다. 그래서 '충찾잡'부대라고 부르기도 한다.

담당구역이 대부분 관광지이기 때문에, 강원도 지역 부대 중에서는 근무 여건이 비교적 괜찮은 편에 속하나 후방이라고 무시하면 안 된다. 말이 삼척이지 동해, 강릉, 양양까지 책임구역이고, 전면전 훈련 때에는 고성부터 미시령 터널을 지나 12사단 책임 지역인 인제까지도 해당된다. 23사단 마크의 23은 박쥐를 형상화한 것이며 밤에도 철통 경계 태세를 유지한다는 의미를 갖고 있다. 군통폐합 예정 부대 중 하나이기도 하다.

경례구호는 "충성! 찾고잡자!" 이다.

제 25보병사단 (비룡)

일명 요리왕 비룡부대(만화영화이름)로 서부전선 최전방에서 GOP 근무하는 부대이지만, 의외로 많이 알려지지 않은 부대이다. 사실 옆동네인 1사단과, 윗동네인 28사단이 너무 유명한 부대라서 인지도 모르겠다. 참고로 전자는 긍정적인 의미지만, 후자는 부정적인 의미이다. 한국군 사상 최초로 남침용 땅굴을 발견한 부대이다.

경례구호는 “단결!”이다.

제 26기계화보병사단 (불무리)

빨간 원은 해를 상징하며 막강한 전투력과 뜨거운 열정을 의미하고, 노란 원은 달을 표현한 것으로 전우를 사랑하는 마음을 나타낸다. 파란 원은 하늘을 상징하며 젊은이의 기상과 맑고 바른 정신을 나타낸다. 마지막으로 흰색 원은 단결을 나타내며 하나 된 전투력을 상징한다. 상징은 불무리지만 마스터카드, 또는 쌍×알 부대라고도 불리운다. 대한미국 군대 중 유일하게 ‘공격’이라는 경례구호를 사용하는 만큼 기계화 여단과 사단 중 가장 공격에 특화된 사단이다. 2018년 통폐합 예정이라 아쉽다.

경례구호는 “공격!”이다.

제 27보병사단 (이기자)

이 부대는 아마 미필이어도 굉장히 유명한 부대이기 때문에, 많이들 알고 있을 것 같다. 일명 '이기자'가 한국 전쟁 때 이겨본 적이 없어서 이기자부대가 됐다는 식의 드립이 많으나, 한국전쟁이 끝나갈 쯤에 안도현 대위의 예하 2개 중대가 맹호부대에서 빠져 나와서 민둥산에 터잡고 창설한 것이 시초라고 하니 해당은 안 된다. 전군 최초로 순우리말 이름으로 지어진 부대이자, 전군 유일의 행동 실천형 명칭을 가진 부대이다.

경례구호는 "이기자!"이다.

제 28보병사단 (태풍)

중서부 최전방을 담당하는 무적 태풍부대이다. 부대 마크가 선풍기 날개를 닮아 선풍기 부대라고도 한다. 28사단이 담당하고 있는 연천지역은 3군지역(경기도)에서 유일한 산악지형으로, 무릎 도가니 나기기 좋은 지형이다.

이 부대는 아까 설명한 22사단처럼 사건사고가 더럽게 많은 별들의 무덤이다. 그중에서 많은 사람들이 아는 최근에 일어난 사고는, 2014년 4월 6일에 일어난 윤승주 일병 구타 사망 사건이다. 자식의 사망 원인을 알게 되어 정말 다행이라고 한 부모의 슬픔은 상상하지 못하겠다. 윤승주 일병은 2018년 1월 5일 국가유공자(순직군경)

에 등록되었다. 부대 마크만은 멋있다고 생각한다. 2018년 근처 사단과 통폐합 예정되어 있는 사단이다.

경례구호는 "태풍!"이다.

제 30기계화보병사단 (필승)

사실 이 부대는 서부전선의 유일한 정규 기갑부대고 수기사, 20사단과 더불어서 대한민국 탑 쓰리의 펀치력을 가진 최강부대이다. 백두산 모양을 나타내는 숫자 3과, 호국성지인 행주산성의 의미를 형상화하여 군부대 마크를 만들었다. 그러나 부대의 상징이 독특한 쪽으로 유명해서 드립이 꽤 많다. 일단 부대 마크가 하트모양이고, 하얀색 테두리가 팬티와 브라자 모양이라서 비키니나 팬티브라자 부대라고도 부른다.

경례구호는 "필승! I Can Do!"이다.

제 31향토보병사단 (충장)

현재 부대 마크

예전 부대 마크

여기부턴 향토사단이다. 향토사단은 주둔 지역에서만 방어 작전을 펼치고, 동원사단들과 비슷하게 예비군들을 훈련시키고 소집하는 부대이다. 이 부대는 광주광역시에 있다. 부대이름은 임진왜란 당시 지역의 의병장 충장공 김덕령 장군에서 따온 것이다. 광주의 충장로도 여기서 유래된 것이다. 원래는 1사단 마크랑 아주 유사한 마크를 썼는데 2010년도에 바뀌었다고 한다. 향토사단이 후방으로 가면서 관할 지역이 넓어져서인지 그다지 말은 많지 않다.

경례구호는 “충성!”이다.

제 32향토보병사단 (백룡)

세종시쪽에 주둔하고 있고 대전광역시와 세종 특별자치시, 충청남도를 관할하는 향토 사단이다. 대전 충청권 중고등학생 병영체험의 성지이다. 이 부대의 출신자들이 많지 않아서 딱히 드립이나 영웅담 같은 것은 많지 않다. 62사단은 2008년 11월 30일에 국방개혁에 의해 제 32향토보병사단에 병합됐다.

제 35향토보병사단 (충경)

충경공 이정란 장군의 시호에서 따온 이름으로 전라북도 전주시 남고산성에 충경사가 있다. 이정란 장군은 임진왜란과 정유재란 때 64세의 노구를 이끌고 왜군으로부터 전주성을 지켰다. 전주시의 충경로는 이정란 장군의 시호에서 유래된 것이다. 35사단은 1955년 강원도 화천군에서 청설되었다가 같은 해 6월 전라북도 전주로 사단 전체가 이전했으며, 2013년 임실로 다시 이전했다. 외각에 세 개의 방패로 연결된 황색선은 삼천리 조국강토의 수호를 의미하고, 청색은 자연 우주계의 성결함과 평화를 상징한다. 중앙의 적색은 조국통일 성업의 완수를 의미하고, 황색별은 육군 최고의 사단을 상징한다. 부대 마크가 원자력 표시와 비슷하여 원자력부대라고도 한다. 이 부대는 향토사단이라 특별한 이야기거리는 없다.

경례구호는 "단결!"이다.

제 36향토보병사단 (백호)

위에 35사랑 심볼도 비슷하고, 단대호도 바로 다음이지만 주둔 위치는 강원도 원주 태백 쪽을 관할하기 때문에 전혀 다른 부대이다. 백호가 상징이라 백호부대이고, 이 부대는 유일하게 1군 직할 향토사단이다.

제 37향토보병사단 (충용)

이 부대는 충청북도를 관할하는 부대이다. 사단마크가 특이해서 벤츠부대나 두돈반 핸들 부대라는 말도 있다.

제 39향토보병사단 (충무)

원래는 파도부대였는데 충무공 이순신을 상징한 충무부대라고도 한다. 아무튼 신설된 부대 시설로 모두 이관했기 때문에 시설이 최상이라고 한다. 경상남도를 관할하는 부대이다.

경례구호는 "충성!"이다.

제 50향토보병사단 (강철)

사단마크가 굉장히 특이하다. 한국군은 연대급 부터 4를 안 쓰기 때문에 단대호에서 40번대가 아예 통째로 건너뛰고 50사단이 되었다. 별칭은 강철부대다. 숫자의 하얀색과 동그라미는 각각 숫자 5와 0을 상징하고 가운데 V자는 승리의 영문명칭 Victory를 상징한다. 대구를 비롯한 경상북도를 관할하는 부대이다.

경례구호는 "멸공!", "충성!"에서 "강철!"이다.

제 51향토보병사단 (전승)

이 부대는 수도군단 소속이다. 그래서 수도 서울과 인근 교외 위성도시 등 수도권지역을 방어하고 관할하는 부대다. 마크는 51을 한반도모양을 상징하고, 초록색은 당연히 땅, 파란색은 바다로 참 단

순하다. 이 부대는 평택이나 안산 같은 경기도 서남부지역에 있기 때문에 수도군단이나 수기사와 같이 이름에 수도가 들어가기 때문에 서울로 가는 줄 알고 히히낙낙거리다가, 왠 위성도시의 부대로 배치받는 것을 보고 충격받는 병사들도 있다고 한다.

경례구호는 "전승, 할 수 있다!"이다.

제 52향토보병사단 (화살)

이 부대는 수방사 소속이다. 그래서 수도 향토방위 임무를 맡고 한강 이남 즉, 강남지역에 대한 방어와 향토예비군 소집 및 훈련을 담당하고 있다. 상징은 화살인데 그냥 수방사 마크에 화살표 모양만 달아 놓은 것 같다.

서울로 간다고 꿀빠는 줄아는 사람들이 많은데, 수도에 가까울수록 시가전이나 복합 재난훈련을 많이 하게 된다. 허구한날 김포공항이나 주요청사 건물에서, 화생방복 입은 애들과 경찰관, 민간인들과 합동훈련하는 게 일상이라고 한다. 참고로 향토사단은 수색대 대신 대간첩임무를 맡은 기동대가 존재하는데 서울을 위수지역으로 하기 때문에, 기동대도 다른 의미로 개빡센게 특징이다. 향토사단이고 서울에 가깝다고 하여, 전부 개꿀빠는 건 아니라는 것을 알아야 한다.

경례구호는 "충성"이다.

제 53향토보병사단 (충렬)

대한민국 최남단에 있는 사단이다. 부산과 양산이 위수지역이다. 지리적으로 가장 최후방에 위치해 있는 부대지만 바다건너 일본이 적대국가라면 최전방 부대이다. 부대상징은 충렬인데 임진왜란 때 일본군과 싸웠던 희생자들을 모신 사당이 충렬사라서 그런가보다. 그런데 백골부대같이 특정 단체나 국가, 이념을 싫어하지는 않는 것 같다. 백골 부대는 반공을 많이 외치지만, 이 부대는 딱히 반일을 외치지는 않는다.

제 55향토보병사단 (봉화)

용인지역에 주둔하며 경기 동남부와 동북부를 관할하는 부대이다. 다른 향토 사단 마크랑 달리 뭔가 특색있어 보인다. 55를 저렇게 그려서인지 콩나물이나 음표라고 부르기도 한다. 다만 이 부대의 진짜 별명은 따로 있다. 에버랜드 방위 사령부, 즉 에방사라고 부른다. 사단 직할 부대들이 죄다 에버랜드 근처에 있어서다. 신교대도 에버랜드 바로 밑에 있다.

경례구호는 "충성"이다.

제 56향토보병사단 (북한산)

실질적으로 사단본부와 직할대 기준으로 서울과 가장 가까운 부대가 바로 이 부대다. 서울 강북지역과 수도권 북부를 관할하는 부대다. 원래 서울특별시 중·서북부 지역만을 담당했던 사단이었으나, 2011년 12월에 57사단(용마부대)를 흡수한 이후 서울 강북 전역을 관할 위수지역으로 삼고 있다. 5와 6 사이에 칼이 있어 '5시와 6시 사이에 칼 퇴근하는 부대'라는 별명을 가지고 있다.

경례구호는 "충성!"이다.

제 60동원보병사단 (권율)

고양시쪽에 주둔한 부대이고 권율 장군의 권율부대이다. 여기부터는 동원사단이다. 즉 동원 예비군들이 전시에 편제해서 북한쪽으로 전개하는 것이 임무다. 그래서 평시 인원은 굉장히 적다. 동원사단에 자대 배치를 받는 것 자체가 그리 흔한 케이스가 아니다.

어차피 자대 배치받은 현역들도 부대 보수하고 동원 예비군들 편제하는 것을 준비하려고 있는 것이라서, 사실상 1개 대대 규모도 될까 말까 일 듯하다. 그래도 전차대대부터 있을 것은 다 있다.

경례구호는 "충성"이다.

제 66동원보병사단 (횃불)

가평에 있는 사단이다. 상징은 횃불인데 어딜 봐서 횃불이랑 연관이 있는 건지 모르겠다. 단지 6각형이 2개 있어서 66사단이라고 하는 것은 이해하겠다. 5군단 예하 부대로 평상시에는 감편부대로 예비군 교육 훈련을 담당하며, 전시에는 완편되어 작전을 수행한다.

제 72동원보병사단

부대병력들이 88올림픽 때 지원 활약한 것을 계기로 올림픽부대라고 불리며 본명은 오봉산부대이다. 전시 동원 예비군으로 완편되어 작전에 따라 전선으로 투입된다.

제 73동원보병사단 (충일)

하나 되어 충성한다는 뜻의 충일이 모토인 부대이며 남양주에 주둔해있다. 한국군 역사상 최초의 차기 동원사단이다.

제 75동원보병사단 (철마)

원래는 농협마크랑 비슷해서 농협부대라고 불렀는데 사단마크를 새로 바꿨다. 위에 73사랑 똑같이 남양주에 본부로 주둔 중이다.

참조

http://www.insight.co.kr/news/114431
https://blog.naver.com/free58/221233202412
https://blog.naver.com/qsjrf75/220069499117
http://kmg228.tistory.com/1018

부록

군대 용어

PX: 충성클럽이라고도 하며 군대의 편의점

S급, A급: 말 그대로 선임들이 후임을 판단하는 지표로써, 처음부터 잘해서 S급 소리 들으면 뭘 해도 욕먹지 않게 됨.

각개전투: 각개 병사에게 전투부대의 일원으로 싸우고 생존하고 자신과 장비를 방호하며 전장에 적응하도록 각 개인의 전투력을 기초로 하는 전투기술

건프레이크: 건빵과 별사탕을 우유에 말아먹는 것

고무링: 군복의 하의 밑단을 전투화 위로 올리는 도구

고순조: 고등어 순살 조림

고순튀: 고등어 순살 튀김

고인: 전역한 사람

관등성명: 계급과 이름을 함께 복창하는 것(이병 OOO)

관물대: 군대 생활관에 있는 개인 사물함

관심병사(배려병사): 군대에 적응하지 못하는 병사를 지칭하는 말(여자친구와 헤어져도 배려병사됨)

구보: 아침점호 또는 체력단련 시간에 뛰는 것. 평균 3km

군대리아: 군대에서 먹는 햄버거

군번줄: 군인이면 누구나 가지고 있는 금속제 주기표, 씻을 때도 가지고 있어야 함

군통령: 군대에서 가장 인기 있는 걸그룹을 뜻하는 말

깍새: 머리를 깍아 주는 이발병

깔깔이: 겨울철 야전상의 안에 입는 도톰한 내의

나라시: 땅을 평탄화 하자는 의미로 사용됨(사용 예: 나라시 친다)

당직근무: 부대의 안전을 위해 밤새 근무하는 것

도수체조: 군대에서 하는 국민체조

동계 훈련: 겨울철에 실시하는 혹한기 훈련

두맑국: 두부 맑은 국

땅개: 보병

똥국: 된장국에 고춧가루를 풀어 얼큰하게 끓인 국

마음의 편지: 병사가 지휘관에게 쓰는 편지로 문제점이나 건의사항을 적는 것(많이 쓰면 그만큼 많이 바뀌는 대신 주변에서 크게 달갑지 않게 봄)

맛다시: 훈련시 필수템. 고추장보다 감칠맛이 더 남

맞선임: 분대 계급상 바로 위에 있는 선임

맞후임: 분대 계급상 바로 밑에 있는 후임

명순조: 명태 순살 조림

명순튀: 명태 순살 튀김

모포: 군인들의 이불

반합: 전투용 밥그릇(야외 훈련 시 녹슬어서 여기다가 밥을 못 먹고 그

위에 비닐봉지로 씌워서 밥 먹어야 함, 요즘에는 새것으로 교체하는 중임)

배식: 식사시간에 반찬이나 밥을 나누어 주는 것

보안: 군대에서 지켜야 할 비밀

복명복창: 상급자가 내려준 지시사항을 명령받은 하급자가 상급자에게 다시 말하는 것(명령과 지시가 정확하게 전달되었음을 확인함)

복무신조: 군인으로서 지켜야 할 덕목

부사수: 선임자 또는 선임병 옆에서 배우는 후임자

불침번: 야간에 생활관에서 병력확인 및 환자, 생활관 온도, 유동병력 확인을 위해 근무를 서는 병사

빠지다: 흔히 군기가 빠짐을 일컫는 말 (나태해졌다는 뜻)

뽀글이: 봉지 체 먹는 라면(현재 뽀글이는 잘 안먹음)

사격: 총쏘는 일. 개인화기 공용화기를 사용하는 행위

사수: 한조의 선임자 또는 자신의 옆에서 가르쳐주는 선임병

사제: 군대 밖, 즉 사회에서 들여온 모든 것을 통틀어서 사제라고 함

생활관: 군인들이 자고 생활하는 곳, 과거에는 내무반이라고 했음

소야볶: 소세지 야채 볶음

시마이: 일과를 마무리 할 때 사용됨(사용 예: 시마이 하자~)

신병대기: 훈련소에서 자대 배치 후 일정기간 동안 적응하도록 지정한 기간(2주)

싸지방: 사이버 지식 정보방의 준말 군대의 피씨방

아들: 선임병과 1년 차이가 나는 후임병

아빠: 후임과 1년 차이가 나는 선임병

암구호: 흔히 말하는 암호를 뜻함(암구호는 매일 바뀜, 문어와 답어로 구성되어 있는데 밤에 근무서는 병사가 문어를 하고, 상대방은 답어로 말해줘야 같은 편인걸 알게 됨)

야전삽: 작은 삽으로 땅을 파거나 텐트를 칠 때 주로 사용함

연등: 22시부터 시작되는데 취침시간에 잠을 자지 않고 공부나 독서를 하는 것

연병장: 군대의 운동장

영창: 군대의 교도소. 군대의 법 위반시 가는 곳, 그곳에서 보낸 시간만큼 복무기간 늘어남. 2018년부터 영창제도 사라진다고 함

예비군: 군대 전역 후 일정기간 매년마다 군대훈련을 받는 것

오버로크: 군복 등에 계급장 등을 붙이는 것

완전군장: 군인의 가방으로 온갖 생필품이 들어있으며, 무게는 15kg 정도

왕고: 최고 고참

위문열차: 군인의 사기 진작을 위한 공연(연예인들 옴)

위병소: 군부대의 정문을 뜻함

위장크림: 적에게 들키지 않기 위해 바르는 크림

유격: 혹독하고 힘든 훈련으로, 체력단련 하는 가장 큰 훈련

일말상초: 입대 후 여자 친구와 헤어짐이 많은 일병 말에서 상병 초의 시기

자대: 전역할 때까지 있는 곳

점호: 기상 후 취침 전 인원 총기 이상 유무를 파악하고 확인하는 일

조카: 선임병과 6개월 차이가 나는 후임병

주기: 군대에서 받은 보급품에 소속 계급 이름을 표시하는 것

직속상관: 자신이 속해있는 부대의 상관

짬 타이거: 군 식당 주변에 병사들이 먹다 남긴 음식을 주워 먹는 살찐 고양이

짬: 군대에서 먹는 밥, 흔히 군대에서 지내온 시간. 경력을 뜻하는 의미

짬대우: 자기보다 경력이 많은 사람에게 예의를 차리는 것

짬찌: 짬밥 찌끄레기의 줄임말, 계급이 높은 선임이 후임을 비꼬는 말

짬티: 짬을 많이 먹는 티를 내는 것

짱박히다: 눈에 띄지 않는 곳에 숨어 있는 것. 또는 물건을 숨겨 둔다는 의미

찌르다: 선임의 부조리한 행위를 간부에게 고발하는 행위(마음의 편지)

초번초, 말번초: 야간근무 시 처음 서는 근무자, 마지막에 서는 근무자를 뜻함

총기수입: 총기 손질을 뜻함

탄약고: 각종 총알을 넣어두는 보관창고 역할

통신보안: 군대에서 전화 받을 때 하는 말(군대 보안사항을 지키라는 의미)

투스타. 쓰리스타: 투스타는 사단장. 쓰리스타는 군단장

판초우의: 군인들이 입는 우의(유일하게 주머니에 손 넣고 걸어도 아무도 모름)

폐급: S급과 완전반대로 폐급 소리 들으면, 부대생활이 순탄하지 않다고 생각하면 됨

피돌이: PX 판매원

행군: 군인의 훈련 중 하나로 완전군장을 하고 거리를 걷는 훈련

행보관: 행정보급관의 줄임말 부대에서 어머니 역할을 함

호로(방수포): 군대 트럭 등에 씌우는 천막을 뜻함, 상황에 따라 씌웠다 벗겼다하는데 운전병이 진짜 싫어하는 일

화생방: 화학, 생물, 방사능의 약자

활동화: 운동이나 개인 시간을 보낼 때 신는 운동화

후반기교육: 보직이 있는 병과만 해당